Comment devenir une sorcière en 5 leçons

Comment devenir une sorcière en 5 leçons

Traduit de l'anglais par Pauline Vidal

Gilly Sergiev

Titre original :
5 Easy Steps to Becoming a Witch
Publié par Thorsons
The Author asserts the moral right
to be identified as the Author of this work.
© Gilly Sergiev, 2000.
© Éditions Michel Lafon, 2001,
pour la traduction française.

À Emil, mon amour,

à Jean, mon amie,

et à vous toutes, les sorcières,

prêtes pour le Grand Voyage !

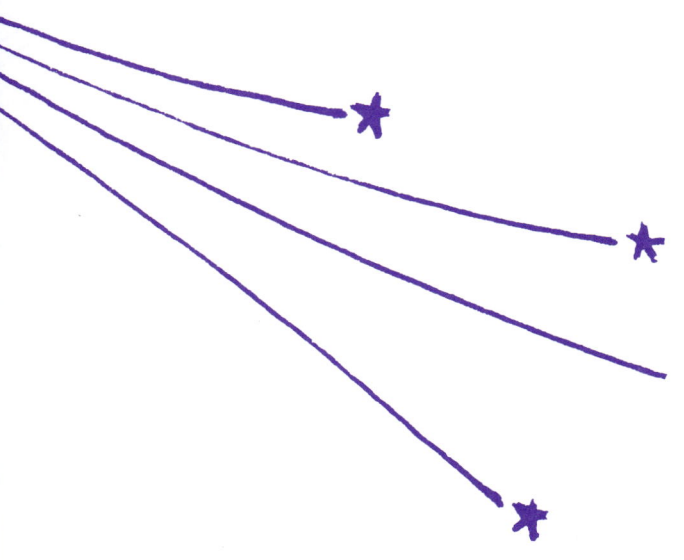

Introduction

« Telle est la magie, bienfait du principe féminin,
née de la nuit des temps, dans le monde
et hors du monde, propice à qui saura
en user avec sagesse. »

Livre des âmes – Archives akashiques*

Je suis née nantie des « marques officielles » de la sorcière, ce qui, en une époque reculée, m'aurait certainement menée droit à la noyade ou au bûcher !

Heureusement, les temps et les mentalités ont changé. En cette nouvelle ère spirituelle, n'importe qui peut devenir sorcière sans crainte : pour peu que vous ayez la foi et que vos intentions soient honorables, la déesse s'incarnera en vous.

Autrefois, les sorcières étaient vilipendées et opprimées. Or, par

* Ce terme est expliqué au cours de la 5ᵉ leçon.

essence, elles cherchaient à servir la nature : le but de la sorcellerie consiste à seconder, apaiser et secourir autrui. Cet ouvrage se propose donc d'enseigner la beauté et la mystique de cette pratique, tout en indiquant comment suivre les forces et les esprits qui nous entourent.

Si nous nous y mettions tous, nous pourrions inverser le cours des choses et empêcher l'humanité de saccager son avenir, afin de reconstruire un monde propre, sûr et bienveillant.

Ma vie a été plus qu'enrichie par ce savoir et je suis persuadée que la vôtre pourrait l'être également. Si vous croyez posséder quelques-unes des marques caractéristiques des sorciers, réjouissez-vous : peut-être étiez-vous, dans une vie antérieure, un sorcier ou une sorcière. En effet, d'innombrables êtres humains en avance sur leur temps, persécutés et assassinés jadis, ont dégagé à profusion leur mystique et leur énergie positive dans le cosmos éthéré. Pour ramener cette énergie vers le monde physique, ces esprits se réincarnent au moment où ils trouvent enfin la possibilité de développer leurs dons pour le bien des autres. Ce qui explique sans doute pourquoi, aujourd'hui plus que jamais, les gens s'intéressent tant à ce domaine et en reconnaissent les bienfaits.

En suivant mes conseils, vous pourrez devenir une sorcière en 5 leçons. La magie est une discipline naturelle bénéfique à l'ensemble de notre monde. Avec ce nouveau millénaire, nous abordons l'ère du Verseau ; plus que jamais nous éprouvons une sorte d' « attraction cosmique » envers les modes de vie « extra-ordinaires ». Enfin, nous prenons au sérieux l'écologie, nous sommes soucieux de préserver notre planète et nos âmes, plutôt que de nous laisser engloutir par l'avidité et le désespoir de ces dernières années. Il est temps de grouper nos efforts pour sauver notre monde et renverser la morosité qui nous rongeait.

La sorcellerie ou magie verte, pratiquée par les sorcières et sorciers blancs, a pour but de protéger les gens et de susciter l'énergie. C'est une affaire d'altruisme, de bienveillance et de spiritualité, de consolation et d'amour, de retour à la nature. Si vous n'avez ouvert ce livre que dans le but de jeter un mauvais sort à votre pire ennemi, vous pouvez le refermer tout de suite, il n'est pas fait pour vous !

N'oubliez jamais : qui sème le vent récolte la tempête. Si vous pratiquez la haine ou la magie noire, la nature ne manquera pas de vous le rendre au centuple !

N'importe qui peut devenir une sorcière. Si vous en avez la

force de caractère et la détermination, vous avez déjà accompli la moitié du chemin. Faites confiance à la déesse et elle vous répondra.

Curieusement, toutes les sorcières ne souhaitent pas danser au clair de lune revêtues de leur seul sourire, en psalmodiant des formules magiques. La plupart de celles que je connais exercent une profession sérieuse et ressemblent à tout le monde sauf, peut-être, pour peu que l'on soit attentif, lorsqu'elles laissent paraître quelques signes d'une personnalité explosive. Nombreux sont ceux qui, de nos jours, ont des amies ou des collègues… disons, un peu plus excentriques que la moyenne, qui ne font jamais rien comme les autres et se moquent du qu'en-dira-t-on ; par exemple, elles s'habillent comme bon leur semble, sans tenir compte des impératifs de la journée – toujours prêtes à rire de tout ! Elles ont le cran de s'admettre telles qu'elles sont et de l'assumer, sans se soucier des remarques horrifiées ou mesquines qu'elles pourraient susciter. Je parie que vous en faites partie !

Voilà sans doute quelque temps que vous désirez explorer cette partie de vous-même qui se manifeste au cours d'un pot au bureau ou de toute autre fête ! De plus en plus, vous vous sentez différente, téméraire, hors normes, et vous savez qu'en vous trépigne une personnalité puissante qui ne demande qu'à se manifester. Peut-être vous êtes-vous déjà tournée vers la mystique. Peut-être avez-vous été approchée par des extraterrestres ou des amis invisibles. Peut-être vous sentez-vous en contact avec une autre dimension. Quoi qu'il en soit, ne désespérez pas ! Vous n'êtes pas seule !

Nombreux sont ceux qui se sentent différents à leur façon. Il est primordial de reconnaître ces dons individuels qui nous mettent en osmose avec l'esprit de vie omniprésent. Mais, par-dessus tout, agissons DÈS MAINTENANT puisque nous venons d'entrer dans un nouveau millénaire. L'ère du Verseau dont nous avons tant parlé est enfin là (elle a débuté au cours du dernier mois de 1999), et, avec la fin de l'ère des Poissons, voici venu le temps du renouveau, d'un environnement neuf, d'horizons inexplorés, de la foi et du pouvoir de chacun. Vous venez d'accomplir un premier pas dans la bonne direction en ouvrant ce livre. Laissez-vous aller, lisez-le sans arrière-pensée et découvrez **comment devenir une sorcière en 5 leçons !**

« Les sorcières demeuraient noires comme la nuit, l'obscurité et le froid qui régnaient au-dehors… »

Livre des âmes – Archives akashiques

✫ LE DIEU, LA DÉESSE, LES ÉLÉMENTAUX ET VOTRE ANGE GARDIEN

Chacun a sa vision personnelle de la sorcière. La sorcellerie n'est ni une conviction religieuse ni un dogme intransigeant. En réalité, il s'agit du culte de l'amour, de l'harmonie, de l'équilibre et de la vérité, en communion avec le monde et l'essence spirituelle de la nature. Depuis des temps immémoriaux, on appelle ce culte le **Wicca**. Outre les structures basiques à respecter, que vous pratiquiez ces rituels en groupe ou en solo, vous devez vous fier à vos propres réactions, à vos certitudes, à votre subconscient.

Rappelons-en les règles essentielles :
* Ne faites délibérément de mal à personne
* Qui sème le vent récolte la tempête
* Pensez « amour »

La sorcellerie se fonde sur la croyance d'un **dieu et d'une déesse,** créateurs du monde, qui existent tous deux individuellement mais procèdent l'un de l'autre. Le dieu, principe masculin, est connu sous les diverses appellations de Cernunnos, Père, Yang, Esprit du Soleil, Osiris, Cornu, Seigneur, etc. La déesse, principe féminin, est indifféremment révérée sous les noms de Cerridwen, Mère, Yin, Esprit de la Lune, Isis, Bique, Dame, etc. À vous de suivre votre penchant naturel en leur attribuant les noms qui vous conviennent le mieux. Si vous ne savez lesquels adopter, commencez par Seigneur et Dame ; vous finirez par trouver, le moment venu, ceux qui vous mettent le plus à l'aise. Pour ma part, j'appelle Hécate la déesse des sorcières car c'est ce nom qui me parle le mieux.

Ces deux entités se manifestent par un cycle de renaissance et de renouveau. L'année est composée de diverses célébrations qui forment ce que j'appelle ***Le Grand Calendrier de l'Être.*** Les huit principales fêtes sont appelées sabbats et commémorent l'histoire du dieu et de la déesse :

✴ **Sabbat de Yule :** célébré le 21 décembre, lorsque la déesse enfante le dieu dans la liesse générale.

✴ **Sabbat d'Imbolg :** célébré le 2 février lors des relevailles de la déesse. C'est alors le renouveau de la vie, l'éveil de la Terre au printemps.

✴ **Sabbat d'Ostara :** l'équinoxe du printemps, célébré le 21 mars, au cours du voyage du dieu et de la déesse qui parcourent la Terre pour consacrer la fertilité et la reproduction des animaux.

✴ **Sabbat de Beltane :** arrive le 1er mai lorsque le dieu et la déesse s'unissent, suscitant fertilité et guérison. C'est l'époque des offrandes alimentaires et des feux de joie.

✴ **Sabbat de Litha :** les 21 et 22 juin. Encore une fête du feu.

LE GRAND CALENDRIER DE L'ÊTRE

Les sabbats

2 février – **Imbolg** – Relevailles de la déesse *Régénération*	21 mars – **Ostara** – Le dieu et la déesse parcourent la Terre *Reproduction*
1er mai – **Beltane** – Union du dieu et de la déesse *Fertilité* 	21 juin – **Litha** – Apogée du dieu et de la déesse *Guérison*  
1er août – **Lammas** – Le dieu fertilise la déesse *Conception* 	21 septembre – **Mabon** – Le dieu part, la déesse se repose *Actions de grâces* 
31 octobre – **Samhain** – La déesse pleure le dieu *Deuil* 	21 décembre – **Yule** – La déesse enfante le dieu *Renaissance*  

Le dieu et la déesse sont tous deux à leur apogée. On célèbre alors la puissance de l'amour et de la santé.

* **Sabbat de Lammas** (aussi connu sous le nom de Lughnasadh) : à lieu du 31 juillet au 1er août. Fête des moissons ; la déesse est fertilisée et nous célébrons la récolte.

* **Sabbat de Mabon :** l'équinoxe d'automne, le 21 septembre, lorsque la déesse se repose. C'est le temps des actions de grâces et des veilles silencieuses.

* **Sabbat de Samhain :** fêté le 31 octobre (aussi célébré sous le nom de Halloween). Le dieu est parti, la déesse se retrouve seule. C'est à cette époque que nous communiquons avec les esprits des morts, qu'il s'agisse de nos amis ou d'autres êtres désirant nous faire partager leur expérience. Les portes de l'autre monde (parfois appelé Terre d'été) sont alors grandes ouvertes afin qu'esprits et humains puissent s'unir librement.

Puis les sabbats enchaînent avec Yule et la renaissance du dieu. Tout cela est intimement lié à l'harmonie de la nature, au cycle de la vie, de la mort et de la renaissance.

L'entité dominante reste la déesse, qui donne naissance, mort et renaissance au dieu. Certains n'approuvent pas le culte d'un dieu cornu qui leur rappelle trop le diable, mais c'est là une erreur d'interprétation : les sorciers et sorcières ne croient pas au diable. D'abord et avant tout, il est indispensable de se rappeler que ce culte n'a strictement rien à voir avec le démon de la religion chrétienne (d'ailleurs représenté sous cette forme beaucoup plus tard). Le dieu cornu est le symbole de la fertilité physique et animale, de la puissance, de la nature. N'oubliez pas qu'il s'agit d'un dieu très ancien, largement antérieur à l'invention du diable des chrétiens.

Malheureusement, l'effrayante interprétation chrétienne s'est inspirée de l'imagerie ancienne, si bien qu'on a fini par prendre le dieu cornu originel pour un avatar de ce démon ignominieux qu'est le Malin. Dès lors, au Moyen Âge, les sorcières ont été vues comme des adoratrices de Satan, ce qui était totalement faux mais leur a valu un grand nombre d'exécutions dans des conditions atroces.

La notion de la déesse Mère remonte, à la nuit des temps ; elle apparaît déjà dans des religions aussi diverses que celles de l'Égypte antique, de Chypre ou des druides de l'Europe celtique.

Les premières croyances égyptiennes parlent de l'île sacrée de Benben – expectorée par les dieux au centre du lac Nu – où serait apparue la première figure d'une déesse Mère-Terre. On a découvert en Égypte des tombes peu profondes remontant à 2134 av. J.-C., et qui contenaient des statuettes de terre cuite représentant une femme aux hanches larges et aux bras levés vers le ciel, aussitôt associée à la Mère-Terre et sans doute appelée la Grande Vache Blanche. Elle faisait certainement allusion à la déesse Hathor, qui conçoit et enfante le dieu, avant que celui-ci ne meure puis ne renaisse (Hymne 554, *Textes des Pyramides*).

Il existe de nombreuses similitudes entre ces temps anciens et les explications ultérieures de l'Évangile ; par exemple, la Mère de Dieu, Marie, donne naissance à Jésus qui meurt puis ressuscite.

Le dieu et la déesse portent des noms auxquels vous allez pouvoir vous référer ; ces noms vous seront spécifiques et plus vous les utiliserez, plus vite vous déterminerez votre propre manière de les invoquer.

Nous discuterons ultérieurement de la façon dont vous découvrirez votre nom de sorcière et du lieu où il vous sera révélé. Bien qu'il doive vous être soufflé par la déesse, ce sera celui que vous déciderez d'utiliser quotidiennement dans votre voyage.

Néanmoins, certains sorciers et sorcières possèdent un autre nom, appelé **Secret** ou **Nom Sacré,** requis par la déesse elle-même. On ne doit jamais le répéter à personne : il faut, au contraire, le garder précieusement comme un cadeau personnel et divin. Dans de nombreuses religions anciennes, à commencer par celle des Égyptiens, les dévots croyaient que quiconque apprenait leur nom secret acquérait en même temps une totale emprise sur eux. De même, les mères donnaient-elles deux noms à leurs enfants, sans jamais divulguer celui qu'elles considéraient comme confidentiel ; ainsi, si quelqu'un tentait de leur jeter un sort, le maléfice ne les atteindrait pas, l'imprécateur ignorant leur nom secret, le seul véritable.

Il en est de même en sorcellerie. Votre nom secret ne doit vous servir que lorsque vous désirez vous identifier auprès des esprits. Quand j'ai demandé mon nom secret à la déesse, je me suis endormie en songeant à toutes sortes de jolis noms anciens ; elle est venue me rendre visite dans mon sommeil et m'a soufflé un nom qui m'a totalement surprise parce qu'il n'avait rien à voir avec ce que j'avais imaginé !

Cependant, à force de l'utiliser dans mes invocations, je me suis mise à l'aimer ! De plus, comme je n'y aurais jamais pensé moi-même, j'en ai conclu qu'il m'avait bel et bien été attribué d'en haut. Par un étrange hasard, une semaine plus tard, j'ai découvert à la bibliothèque un livre dont le titre reprenait ce nom bizarre – c'était la biographie d'une personne depuis longtemps disparue…

Les Élémentaux sont les esprits des éléments, c'est-à-dire :
* Le Feu
  – (principe masculin du sud)
* L'Eau
  – (principe féminin de l'ouest)
* La Terre
  – (principe féminin du nord)
* L'Air
  – (principe masculin de l'est).

Ces entités contrôlent leur propre élément et reviennent très souvent dans les invocations et les prières. Elles peuvent considérablement vous aider et doivent toujours être traitées avec respect ; il n'est pas bon de provoquer une violente tempête sous prétexte que quelqu'un vous a contrarié ! Nous procédons tous d'une partie de ces éléments : nous sommes essentiellement composés d'eau, nous respirons l'air, notre organisme se régule à une certaine température et, à la fin, notre corps retourne à la terre. Comme dans une famille, lorsque nous appelons l'un d'entre eux à la rescousse ou pour renforcer nos invocations, croyez-moi, ils savent se manifester !

À l'intérieur du **Lieu sacré** ou **Temple** où vous procédez aux rituels et communiquez avec le dieu, la déesse et les éléments, se trouve toujours votre **ange gardien,** également appelé protecteur ou guide spirituel. De même, vous finirez par trouver son nom et peut-être communiquer avec lui sinon le voir. Toutefois, s'il vous faut du temps pour y parvenir, n'oubliez pas qu'il est là en permanence, qu'il veille sur vous et vous protège.

Vos échanges seront toujours marqués par l'amour. N'oubliez pas qu'il peut tout pour vous et que, si vous êtes habilitée à lui demander aide et protection, vous ne devez jamais l'exiger ! Si vous parvenez à communiquer avec lui, considérez-le comme une grâce et faites-le toujours avec révérence. N'omettez pas de remercier votre guide, de solliciter sa bénédiction et d'achever chaque rituel par une prière, avant de purifier l'atmosphère, de nettoyer votre lieu sacré et vos instruments. Songez que votre ange gardien est toujours là, qui veille sur vous et vous assiste dans vos bonnes actions. S'il vous arrive de douter ou de vous inquiéter, n'hésitez pas à partager vos soucis avec lui dans vos prières ou invocations – selon ce que vous ressentez. Certaines personnes ont pour anges gardiens des esprits animaux. Ce n'est donc pas à vous de choisir mais, à mesure que vous procéderez à vos rituels, vous en prendrez peu à peu conscience.

On l'ignore souvent, mais la Bible, livre fondateur du christianisme, relève pour beaucoup de la réincarnation. Les érudits qui l'ont rédigée ont délibérément ignoré cet aspect qu'ils tenaient à garder secret. (Sans doute pour conserver leur pouvoir sur le peuple car, à partir du moment où l'on sait que l'on va renaître, on ne craint plus la mort ; or, l'un des principaux instruments du pouvoir est la peur.) Cependant, il est intéressant de noter qu'ils ont conservé une puissante scène de résurrection, à savoir Jésus sortant de sa tombe !

Les cultes païens prospéraient depuis longtemps lorsque la Bible a été écrite et l'on estime que nombre de célébrations, telles que Noël, ont été calquées sur d'anciennes festivités païennes.

Le fait est que la plupart des religions partent de concepts similaires. Par exemple, les Égyptiens croyaient en un créateur, Atoum, l'Être suprême qui engendra Shou (l'homme, assimilé à Adam) et Tefnout (la femme, assimilée à Ève), qui engendrèrent les autres divinités (assimilables aux disciples et aux saints). Avant Atoum, il n'y avait que le vide, le néant (évoqué dans le récit biblique de la Genèse).

Les Hawaiiens croyaient en 12 tribus originaires du Sahara (à comparer avec les 12 tribus d'Israël, les 12 apôtres, etc.). Une s'en alla s'installer à Hawaii et les autres en Égypte, où elles édifièrent les grandes pyramides à l'aide de la magie kahuna, avant de se disperser. Cette séparation survint, dit-on, après « l'assèchement des eaux ». Or les Incas et les Mayas mentionnent également une terrible inondation (semblable au déluge de Noé dans la Bible). L'événement, confirmé par la science, se serait produit entre 10500 et 6500 av. J.-C.

Pour ma part, je crois que cette époque correspond à celle où les eaux se sont refermées sur l'Atlantide. Je crois également qu'un jour proche, on retrouvera les ruines de ce continent mythique. Grâce à la technologie moderne, quantité de ces théories seront vérifiées.

Si vous gardez l'esprit ouvert, vous aurez plus de chances de découvrir la vérité qu'en vous fermant et en refusant de voir. Les hommes de science aussi sont sceptiques, malgré les surprenants résultats qu'ils obtiennent, car ils ne s'intéressent qu'aux preuves matérielles. Même si d'extraordinaires indices leur sont apportés, ils en sont encore à réfuter la réalité tant que les faits ne leur paraissent pas scientifiques ou établis. Les gens qui fonctionnent de la sorte peuvent sans doute vivre d'admirables expériences mais s'approcheront-ils jamais de la vérité ?

S'il existe tant d'êtres mystiques de par le monde, c'est parce qu'ils sont en accord avec quelque chose de si merveilleux qu'ils désirent le partager avec le reste du l'humanité. Dans un ouvrage portant sur les prophéties du peuple maya, les auteurs suggèrent que celui-ci a sans doute découvert le moyen d'activer les puissantes propriétés du lobe droit du cerveau (siège des dons artistiques, grâce auquel on peut lire dans l'avenir et dans l'espace), en portant des aimants sur la zone de l'hypothalamus, du troisième œil et de l'oreille gauche – autrement dit en reliant l'hémisphère gauche (logique) avec le droit (artistique). Est-ce une démarche scientifique ou mystique ? J'ai utilisé des termes scientifiques pour décrire une possibilité mystique.

Qui sait, peut-être les mystiques sont-ils en fait des gens qui connaissent déjà l'accès à ces lobes du cerveau dont la plupart d'entre nous ne savent pas se servir. Après tout, comment attester de la réalité de la voix de la déesse alors qu'elle ne s'adresse à nous que dans le secret de nos consciences ?

J'ai la profonde conviction que cette vie n'est pour nous qu'un voyage au cours duquel nous sommes invités à découvrir notre véritable essence, notre âme, nous-même. Bien que cette existence soit jalonnée d'obstacles et de difficultés, les pouvoirs secrets que nous avons reçus en partage nous aideront considérablement. En faisant usage de ces talents ancrés en nous-mêmes, nous découvrons qui nous sommes. Et si, durant cette vie, le sens de notre passage ici-bas, de notre mission, nous échappe, nous aurons alors la chance de renaître, de nous réincarner, d'essayer encore et encore.

« … Elles étaient condamnées à mourir, accusées d'actes qu'elles n'avaient pas commis, et j'étais parmi elles… »

Livre des âmes – Archives akashiques

✴ VOTRE APPARENCE

Il est d'une importance vitale, pour toute sorcière, d'avoir une allure précise, qui n'appartienne qu'à elle. À vous de vous mettre « en accord » avec votre personnage créateur qui vous guidera dans la bonne direction.

Par exemple, posez-vous ces questions :

✴ Quelle année, mettons entre 1799 et 1999, vous intéresse le plus ?

✴ Quelle était la mode de cette époque ?

✴ Quelles en étaient les couleurs

et les formes prédominantes ?
* Êtes-vous attirée par ces mêmes formes et couleurs ?
* Quelles sont vos couleurs préférées ?

Ce n'est pas parce qu'on est une sorcière qu'on désire forcément se promener en manteau noir et chapeau pointu ! (Quoiqu'il n'y ait pas de mal à cela, si la chose vous tente…) Trouvez votre style. Je connais beaucoup de sorcières qui prisent les matières naturelles, parce que cela leur permet de rester en contact avec les forces telluriennes qui les entourent. Certaines préfèrent les couleurs pastel tandis que d'autres ne se sentent bien que dans des tons plus appuyés ou plus vifs.

Votre goût personnel et votre style sont plus ou moins déterminés par votre signe astrologique. Ainsi, il existe 12 personnalités essentielles qui correspondent aux 12 signes du zodiaque. Bien entendu, des centaines de milliers de variations en découlent, mais toujours en relation avec l'un des 12 types fondamentaux.

À partir de votre signe, vous parviendrez à une appréciation plus approfondie de votre personnalité au moyen de techniques telles que la chiromancie, la cristallomancie ou l'étude du ciel à l'heure et sur le lieu de votre de naissance. Par exemple, je suis du Verseau, avec presque toutes mes planètes sous ce signe. Sans savoir pourquoi, j'ai toujours été attirée par les symboles de l'air et de la terre : mes couleurs favorites sont le bleu, le blanc, l'argent et le vert ; j'adore la natation, la pluie et tout ce qui est en rapport avec l'eau ; j'ai beaucoup voyagé ; je suis sans arrêt dans les nuages et passionnée par tout ce qui touche à l'espace. D'un autre côté, quand j'étais enfant, je souffrais de maladies essentiellement circulatoires et respiratoires et, toute petite, j'ai failli me noyer !

Sans vous borner à ces seules considérations, si vous examinez votre personnalité et l'allure qui vous tente le plus, je suis sûre que vous trouverez un lien avec votre signe astrologique et l'aspect du ciel au moment de votre naissance.

Quoi qu'il en soit, choisissez votre style et tenez-vous-y, surtout lorsque vous passez en « mode sorcière ». Sans doute ne pourrez-vous pas aller travailler dans cette tenue, ne serait-ce que pour ne pas gêner votre entourage ou susciter les critiques des voisins, mais, de toute façon, gardez-la précieusement emballée, prête à servir, dans une boîte spéciale ou dans un tiroir réservé exclusivement. Cet espace sacré finira par dégager sa propre aura magique.

Si votre don personnel consiste à soulager autrui, vous devriez vous sentir séduite par des couleurs telles que le vert, le bleu ou le jaune et préférer des pierres comme l'améthyste ou le jade, des substances comme l'ambre.
Si vous êtes plutôt douée pour la communion avec les esprits, vous aimerez davantage le bleu marine, le noir, l'argent, ainsi que des pierres comme l'aigue-marine, le saphir et l'azurite. Si vous êtes portée sur les facultés psychiques, sans doute affectionnez-vous le blanc, le mauve et l'or, vos joyaux étant la perle, la pierre de lune et l'opale. Si vous êtes douée pour les relations humaines, vos couleurs sont probablement le

rose, le rouge et le mauve, avec des pierres comme le rubis, le béryl et le diamant.

Ce ne sont là que des suggestions de couleurs et de pierres en rapport avec un don particulier. Cependant, plus vous approfondirez votre recherche, plus vous constaterez combien votre choix instinctif s'est porté sur des objets accordés avec vos dispositions et votre personnalité !

Bien des marques ont été associées aux sorciers et sorcières – un sixième doigt, des pieds palmés, des taches de naissance. Ne désespérez pas si vous n'en possédez aucune ; de nos jours, tatouage et décalcomanie permettent de satisfaire bien des fantaisies Vous brûlez de vous teindre les cheveux en une couleur particulière ? Il s'agit peut-être d'un rappel d'une vie antérieure. Ne vous en privez pas, il existe d'excellents produits cosmétiques qui font des merveilles. Une mèche blanche sur des cheveux sombres produit souvent un effet saisissant : les shampooings décolorants sont pour vous ! Beaucoup de sorcières arborent des mèches colorées et, si vous ne tenez pas à sauter le cap du définitif, vous pouvez toujours vous rabattre sur des accessoires tout à fait dans l'air du temps. Bien que je sois naturellement brune, j'ai toujours su que j'aurais dû être blonde.

Dès l'âge de seize ans, je me suis décolorée et, depuis, j'ai essayé à peu près tous les degrés de blondeur possibles et imaginables ! Je me sens mieux ainsi. C'est donc en écoutant ma petite voix intérieure que j'ai découvert mon aspect extérieur.

Je ne saurais trop recommander les paillettes pour les cheveux mais aussi pour le visage et pour le reste du corps. Le scintillement sied aux sorcières, qui en tirent énergie et aura psychique. Les fleurs et les feuilles, vraies ou fausses, sauront souligner votre beauté naturelle ainsi que votre connexion avec la terre.

Les ongles ont également leur importance car ils peuvent créer une illusion de longues mains aux doigts effilés et emplir de grâce le geste rituel qui consiste à pointer un objet. L'énergie de la sorcière descend le long de son bras, traverse la main et, comme une flèche, se concentre dans l'ongle tel un dard en pleine puissance. Si vous ne pouvez les laisser pousser, pourquoi ne pas essayer les faux ongles, jetables ou semi-permanents ? On en trouve partout. Vous pourrez également les percer de plusieurs petits anneaux et symboles mais aussi y peindre des inscriptions magiques qui renforceront votre puissance mystique.

Que pensez-vous des chaussures ? Les aimez-vous

pointues ou compensées ? Les accessoires sont très importants et, de nos jours, on en trouve de magnifiques. Pensez aux soldes et aux ventes de charité. C'est là que l'on trouve les modèles les plus excentriques – à vous d'avoir l'œil. Quant aux écharpes et foulards, ils peuvent être très seyants pourvu que vous choisissiez un modèle long qui flotte sur les épaules, dans vos couleurs, évidemment. N'oubliez pas non plus les bijoux fantaisie, une sorcière n'en porte jamais assez ! Cherchez surtout les objets en forme de croissant de lune ou de chat ou de tout autre animal qui vous est cher.

S'il vous arrive d'acquérir un objet d'occasion, songez à lui administrer un nettoyage rituel avant de le porter, afin de le débarrasser de la personnalité dont il aura été imprégné. Pour cela, il vous faut soit le plonger dans un bain d'eau salée, soit l'exposer au soleil au moins pendant une heure. Ensuite passez-le à l'eau claire puis séchez-le et déposez-le sur votre autel. Cela dit, si l'objet ne supporte pas l'eau, passez-le trois fois dans la fumée d'un bâton d'encens sur votre autel, trois fois au-dessus de la pierre, trois fois au-dessus de la coupe d'eau et trois fois dans la fumée de la bougie.

De par leur nature en phase avec les éléments, les sorcières ont tendance à préférer les matières naturelles comme la laine, le coton, le lin et la soie. Cependant, le velours sous toutes ses formes procure d'agréables sensations et stimule le sens du toucher. De plus, avec les progrès de la technologie, on fait aujourd'hui de très belles imitations de fourrure et de cuir, sans parler des tissus qu'on tire du caoutchouc et du papier. À vous de choisir. L'important, c'est ce qui vous attire. Du moment que vous les avez élues, ces étoffes sont faites pour vous. Il vous faudra parfois beaucoup de courage pour vous accrocher à vos convictions, mais vous finirez par éprouver l'immense satisfaction d'avoir trouvé votre style. Dès lors, vous vous sentirez bien mieux et n'aurez plus de mal à vous concentrer sur votre tâche ; en relation avec votre moi profond, en accord avec vos besoins, vous n'en gagnerez que plus de confiance en vous.

Plus vous porterez votre tenue de sorcière, plus vous vous y sentirez à l'aise, jusqu'au jour où vous n'y verrez plus que votre apparence de tous les jours. Ne vous étonnez pas si certaines personnes se mettent à vous imiter ; il faut le prendre comme un compliment et vous dire que ces personnes sont aussi peut-être parties à la découverte d'elles-mêmes. Une sorcière peut comprendre ce genre de démarche puisque, par définition, elle est singulière.

Très important : ne désespérez pas si vous n'entrez pas dans un 36 ! La minceur n'a rien à voir avec l'élégance ni avec la beauté. Croyez-moi, j'en sais quelque chose ! Les silhouettes plus rondes véhiculent davantage d'amour et de générosité, ce qui explique pourquoi bon nombre de sorcières sont plutôt enrobées. Quant à celles qui s'efforcent de garder la ligne pour plaire à leur entourage, c'est du plus profond d'elles-mêmes que débordent l'amour et la générosité, ce qui signifie qu'elles devraient être plus plantureuses ! Cela peut aboutir à une lutte constante entre ce qu'on est et ce qu'on voudrait paraître. Permettez-moi de dire à toute sorcière qui a des problèmes de poids (tant qu'ils ne présentent pas de danger médical, évidemment) : détendez-vous et soyez vous-même. Vous êtes belle.

De nombreuses boutiques ont aujourd'hui un rayon grandes tailles. Et je ne parle pas de tous ces marchés où l'on trouve tellement de tissus scintillants qu'on les croirait spécialement destinés aux sorcières !

Si vraiment votre corpulence vous préoccupe trop, il existe des moyens pour y remédier. Certes, nous disposons d'un arsenal de formules pour être belle ou pour mincir (dont vous trouverez des exemples plus loin), mais elles ne marchent que momentanément. Vous les réciterez en phase de lune décroissante. S'il est difficile de le faire régulièrement, n'oubliez jamais de les invoquer avant de vous rendre à une soirée ou à une fête !

D'un point de vue plus concret, le noir est toujours une couleur intéressante pour les sorcières. Un bon moyen de « fractionner » les contours en trompe-l'œil consiste à porter plusieurs couches de vêtements.

Si vous êtes large de hanches, les jupes droites sont plus seyantes que les jupes en biais. Si vous achetez des vêtements une taille trop grande, vous aurez l'air d'avoir perdu du poids et il vaut mieux voir un tissu « flotter » sur le corps que d'être à l'étroit ! Choisissez des collants et des chaussettes assortis à votre jupe ou à votre pantalon pour ne pas couper la silhouette.

Et surtout, que vous soyez fluette ou toute en rondeurs, commencez par investir dans des sous-vêtements de bonne facture ! Un soutien-gorge bien coupé et un slip en Lycra, par exemple, feront plus pour votre silhouette que tous les vêtements !

En fonction de vos cheveux et de votre teint, optez pour des couleurs neutres dominantes – comme le jaune d'or, le gris argenté, le marron, le noir et le gris –, que vous égayerez d'une touche vive – rose, rouge, violet ou vert d'eau –, sous la forme d'une écharpe, d'un collier, d'une ceinture lâche, de gants ou d'un chapeau, ou encore d'un débardeur, et vous serez superbe ! Mais vous l'êtes déjà…

 Leçon n° 3

« Une plainte déchira l'atmosphère, un cri, un rire, non pas cruel, mais triste… »

Livre des âmes – Archives akashiques

✦ VOS INSTRUMENTS

Toute sorcière possède une pléthore d'instruments ! Inutile d'en acquérir trop pour commencer : vous verrez votre stock augmenter au fur et à mesure que vous jaugerez mieux vos besoins. À titre indicatif, en voici déjà une liste non exhaustive :

La boule de cristal et le miroir

Bien sûr, il vous faudra une **boule de cristal** pour la clairvoyance. C'est un instrument très utile chaque fois que vous cherchez à connaître l'avenir ou le passé, ainsi que d'autres choses, telles que des informations sur des lieux ou des personnes. Qui plus est, c'est un objet ravissant !

Sa taille importe peu. Néanmoins, il est préférable qu'elle soit en cristal de quartz (sans pour autant dédaigner le verre ou d'autres cristaux). Le cristal de quartz est le plus répandu et, autrefois, on croyait qu'il s'agissait de glace ! D'un point de vue scientifique, électrons et énergie magnétique abondent dans sa structure et, sous une forte pression, peuvent se transformer en électricité. Il en découle que, suite à un usage régulier, on peut communier avec les énergies et entrer en contact avec le courant électromagnétique à l'intérieur du cristal pour produire de surprenants effets, comme l'aptitude à l'envoûtement et à la voyance.

On ne trouve pas facilement sa boule de cristal, d'autant qu'il s'agit de tomber sur celle qui saura vous parler. Vous en verrez surtout chez les antiquaires et les brocanteurs, ou dans certaines bijouteries, ainsi que dans les magasins spécialisés. Quoi qu'il en soit, en cherchant bien, vous finirez par dénicher la vôtre. Composez une formule qui vous permette de l'appeler, elle vous entendra et vous guidera jusqu'à elle.

Quand vous l'aurez trouvée, il faudra la personnaliser. Tout d'abord, lavez-la dans une solution de vinaigre et d'eau puis essuyez-la avec un chiffon doux et propre. Par une nuit de nouvelle lune ou, encore mieux, de pleine lune, installez-vous dehors, de sorte que les rayons l'inondent. D'ailleurs, chaque fois que cela vous sera possible, sortez avec votre boule de cristal au clair de lune : cela lui donnera plus de puissance. Préservez-la du soleil, de peur de nuire à son énergie.

Asseyez-vous et prenez-la dans vos mains ou formez autour un cercle magique et scrutez-la au moins dix minutes par jour. Laissez votre esprit errer, vos yeux se relâcher sans toutefois cesser de fixer le cœur de la boule de cristal. Les résultats varient selon chacun. Votre objectif primordial est de susciter la formation d'un tourbillon de brume à l'intérieur. C'est le signal annonçant que le temps recule ou au contraire s'accélère ; à partir de là, vous devriez distinguer des images, comme on en voit dans la divination du feu ou des nuages, bien qu'infiniment plus nettes ! À la longue, vous percevrez des signes beaucoup plus subtils. Cela requiert de la pratique. Songez avant tout à vous détendre, les choses devraient venir aisément.

Lorsque vous ne l'utilisez pas, n'oubliez jamais de la couvrir d'une étoffe ou d'un sac sombre et de la ranger toujours au même endroit. Tenez-la bien à l'abri de la lumière de façon que celle-ci n'interfère pas avec les images qui peuvent se produire ; de même, quand vous la consultez, faites-le dans une lumière tamisée, si possible dégagée par des bougies.

Le **miroir** de la sorcière est semblable à la boule de cristal et sert aussi à la divination. Dans les temps anciens, les sorcières utilisaient des pierres noires et polies, par exemple l'onyx et l'obsidienne. On a retrouvé en Turquie des disques d'obsidienne parfaitement polis qui remontent au néolithique. À ce jour, les savants ignorent par quel procédé les anciens avaient pu parvenir à un tel degré de polissage. En ce qui me concerne, je suis persuadée qu'il s'agit des premiers miroirs de divination !

Outre les surfaces polies, le devin utilisait également des liquides, depuis la coupe qu'il remplissait lui-même jusqu'au plan d'eau naturel.

Encore une fois, il vous appartient de choisir votre miroir. Le modèle le plus courant est en général étamé et au dos peint en noir. N'hésitez pas à le peindre vous-même et, au besoin, à le personnaliser en ajoutant, sur la face réfléchissante, des mots ou des phrases mystiques, encore que ce ne soit pas obligatoire.

Comme pour la boule de cristal, vous devez exposer votre miroir au clair de lune pour le « stimuler ». Ensuite, vous pourrez l'utiliser où vous voudrez. Cependant, vous concentrerez mieux dans une pièce faiblement éclairée.

Il faudra le scruter pour distinguer des images, comme dans la boule de cristal. Bien que le miroir ne soit pas spécifiquement destiné à la voyance de l'avenir ou du passé, il peut vous servir à communiquer avec les esprits, à obtenir des réponses à vos questions. N'oubliez jamais que vous contrôlez ce que vous y voyez.

Vous devez conserver votre miroir dans un endroit sombre, comme dans un sac de velours noir, et toujours l'y ranger après usage. Nettoyez-le chaque fois que vous vous en êtes servi, avec un chiffon propre et sec. Ensuite, remerciez la déesse.

Le chaudron

À première vue, le **chaudron** est une sorte de marmite qui sert à préparer les potions magiques, les sortilèges et les philtres. C'est l'un des instruments essentiels de la sorcière. Comme tous les autres, il lui est strictement personnel. Inutile d'en choisir un énorme, monté sur trois pieds ou équipé d'une anse. Laissons cela au folklore ! Trouvez-en un qui vous convienne du moment qu'il peut aller sur le feu. Choisissez-le solide et de qualité : vos recettes n'en seront que plus puissantes.

Il pourra vous servir pour moudre (encore qu'un pilon et un mortier soient plus indiqués), mélanger, faire tremper, mijoter et bouillir vos ingrédients, en fonction de vos recettes. Cependant, il n'est pas indiqué d'y faire cuire vos aliments de tous les jours, de peur de dérouter l'énergie mystique ; en outre, votre marmite risque de ne pas fonctionner correctement, sans compter que vous pourriez mélanger des restes de potion avec votre déjeuner du dimanche !

Conservez votre chaudron dans un endroit bien précis et ne vous en servez que pour vos recettes magiques. Après usage, prenez soin de le nettoyer et d'en essuyer la face interne à l'aide d'un chiffon légèrement enduit d'huile de noix ou d'amande. Ainsi, il sera protégé de toute influence extérieure et prêt à votre prochaine préparation.

La baguette magique et le balai

La **baguette magique** est un simple bâton qui vous servira dans vos incantations, vos sorts ou, tout simplement, à brasser le contenu de votre chaudron. Vous y nouerez les rubans et ficelles de coton dont vous pourriez avoir besoin. Elle symbolise l'éther, l'aura, et vous permet de tracer des symboles magiques.

On utilise en général une branche de noisetier, de frêne ou de saule. Mais ce peut tout aussi bien être une baguette en plastique comme on en trouve dans les magasins de jouets, dès lors qu'elle est à votre goût. Vous la décorerez comme il vous plaira ; les sorcières adorent y accrocher des pierres de couleur, des cristaux, des rubans, des plumes. À vous de décider comment l'agrémenter, pourvu que vos ornements revêtent une certaine importance à vos yeux : n'oubliez pas que votre baguette ne répondra à vos désirs qu'en absorbant une partie de votre énergie.

Une fois que vous aurez choisi votre baguette, vous devrez lui donner un nom. Placez-la sur l'autel de votre lieu sacré ou temple et asseyez-vous devant en scrutant votre miroir. Prononcez à voix haute :

« Déesse de la Lune, vois cette baguette et donne-lui un nom que je serai seule à connaître, ainsi soit fait. »

Si vous vous concentrez bien, vous verrez apparaître de petits tourbillons de lumière brumeuse. Ensuite se formeront les lettres de votre baguette magique ; le nom s'assemblera dans votre esprit grâce à votre savoir inné. Si possible, inscrivez-le sur la baguette mais prenez garde de ne le révéler à personne. (N'hésitez pas à le recouvrir d'un peu de tissu ou de peinture pour le cacher aux regards indiscrets.)

Nettoyez votre baguette avec un morceau de coton imprégné d'encens pour l'enduire de spiritualité. Quand vous l'utiliserez, appelez-la chaque fois par son nom. Après usage, rangez-la toujours dans votre lieu sacré afin d'y concentrer ses pouvoirs magiques. Si elle devait être perturbée de quelque façon que ce soit (en se retrouvant hors du temple ou utilisée par quelqu'un d'autre), effectuez de nouveau le nettoyage à l'encens et déposez-la sur votre autel un jour et une nuit. Attention : si son nom venait à être découvert, la baguette perdrait son pouvoir. Vous n'auriez plus qu'à la détruire et à vous en procurer une autre.

Si vous maltraitez votre baguette magique, vous aurez du mal à en obtenir une autre et son nom ne vous sera pas révélé. Une vraie sorcière respecte toujours ses instruments.

Le **balai** sert à nettoyer les surfaces rituelles, à commencer par votre lieu sacré ou temple. Si vous désirez exercer votre magie ailleurs, commencez toujours par purifier le site de son énergie négative.

Idéalement, votre balai devrait être constitué de brindilles de noisetier ou de saule attachées par des fibres naturelles (par exemple du chanvre) à un manche que vous astiquerez toutes les semaines et nourrirez à l'essence de chêne ou de lavande.

Le balai sert au début et à la fin de chaque cérémonie ou sortilège. Il peut également contribuer à vous évader par le rêve lorsque vous méditez ou dans certaines formules. Vous pouvez même l'utiliser pour rendre visite aux autres ! Si vous projetez de voir quelqu'un, le balai vous donne la possibilité d'entrer en « contact » avec cette personne aussi bien physiquement que mentalement.

Herbes, sel, huiles, bougies, encens, ficelle, ruban et corde, pierre magique

Tous ces objets vous seront utiles un jour ou l'autre pour jeter des sorts. On utilise différentes **huiles** selon les symboles qu'on veut évoquer. Les **bougies** attirent les forces – en fonction de leurs couleurs ; de même pour l'**encens** qui sert également à dégager la pièce des sorts précédents, afin de recommencer dans un milieu neutre.

Le **sel** se conserve dans un récipient sur l'autel. Il représente pureté et valeur et vous protège des entités nuisibles. C'est pourquoi le cercle magique est souvent composé de sel.

Les **bougies** ont une grande importance et leurs propriétés dépendent de leurs différentes

couleurs. Voici les plus traditionnelles :
* Blanc – purification
* Or – finances
* Argent – divination et voyance
* Bleu – voyage et mouvement
* Vert – santé
* Rose ou rouge – amour
* Mauve – raison et spiritualité
* Jaune – bonheur

Ficelles ou **rubans** servent à lier vos doigts, à envelopper vos talismans ou à orner votre baguette magique. Vous les nouerez de différentes façons, lorsque vous les utiliserez pour vos sorts. Les rubans n'ont pas le même usage suivant leurs couleurs et sont adaptés aux diverses parties du corps en fonction de vos incantations. La partie la plus réceptive aux rubans ou aux ficelles est le troisième œil ; pour le situer, mesurez environ un centimètre au-dessus du centre exact de la ligne qui sépare vos deux yeux. Là se trouve votre œil mystique, celui qui voit infiniment mieux que les deux autres.

Le ruban, la corde ou la ficelle sont placés sur chaque partie du corps associée au sort que vous accomplissez. Par exemple, le cœur pour l'amour, les jambes pour les voyages, la bouche pour la communication, etc. Rubans, cordes et ficelles sont également utilisés pour lier symboliquement personnes et sorts dans les pratiques magiques, afin de bloquer l'énergie négative.

La **pierre magique** symbolise la Terre dans de nombreux rituels. Vous devez constamment la garder sur votre autel ou dans votre lieu sacré ou temple. Elle rassemble les énergies pendant les rituels et les cérémonies et ne devrait jamais quitter l'autel ni le lieu sacré. C'est le cœur de votre demeure, et toutes vos actions sont indirectement centrées sur elle. Vous y déposerez vos offrandes telles que fleurs, herbes, talismans, etc. De temps à autre, vous l'entourerez de rubans ou de ficelles pour réorienter son champ énergétique. Seule la sorcière peut la toucher dans ses incantations mais, quoi que vous en fassiez, ne la déplacez jamais.

Attention : la pierre magique est un objet différent de la pierre utilisée comme symbole de l'élémental Terre qui, elle, doit rester parmi les autres élémentaux : Feu, Eau et Air.

Le lieu sacré, ou temple du culte, et l'autel

Votre **lieu sacré** ou **temple du culte** est l'endroit que vous choisissez pour procéder à vos pratiques magiques. L'idéal serait certes un véritable temple de marbre, orné de colonnes et de statues, au fond du jardin, mais, malheureusement, la plupart d'entre nous ne peuvent s'offrir ce luxe ! Peu importe, si vous désirez installer ce lieu dans votre jardin, vous pouvez fabriquer une tonnelle de bois ou de plastique que vous couvrirez de plantes grimpantes et de fleurs parfumées, par exemple de chèvrefeuille, de rosiers grimpants et de lierre.

Toutefois, rien ne vous empêche de l'établir à l'intérieur de votre maison, si possible dans une pièce spécialement réservée à cet effet. Tendez les murs de soie, achetée au mètre ou en écharpes indiennes, ou de ce qui vous inspirera.

Une fois que vous aurez décidé du site qui deviendra votre temple, vous ne pourrez plus en changer car vous allez le consacrer. Souvenez-vous que ce sera le refuge de votre guide spirituel, du dieu, de la déesse et des esprits élémentaux. Je ne saurais trop vous conseiller de les représenter par des images ou des statuettes.

Il vous faudra un autel pour vous adonner à vos rituels. Laissez votre imagination vous guider dans le choix de son aspect : une petite table, deux boîtes surmontées d'une planche de bois, un coffre, un panier en osier, un rebord de fenêtre, etc. Vous le recouvrirez d'une nappe blanche. Libre à vous, ensuite, de le décorer ou non d'images et de noms. Vous y placerez deux bougies (de préférence blanches, à moins que vous n'observiez un rite qui requiert des couleurs) ;

une troisième bougie, dorée, symbole de l'élémental Feu ; de l'encens, symbole de l'élémental Air. En face de l'encens doit se trouver votre coupe à eau, symbole de l'élémental Eau, ainsi qu'une pierre, symbole de l'élémental Terre.

Si ses dimensions vous le permettent, placez également sur l'autel votre boule de cristal et votre miroir, un récipient de sel et votre *Livre des Charmes*. Néanmoins, tâchez de ne pas trop l'encombrer car vous aurez besoin de place pour laisser circuler librement les énergies mystiques. Au-dessus du centre, contre le mur ou, si ce n'est pas possible, près de l'autel, il est recommandé d'installer une image ou une statuette de votre guide spirituel, du dieu, de la déesse, ou des trois.

À droite de l'autel doit se trouver votre siège personnel, réservé à votre usage exclusif. Choisissez-le et décorez-le à votre goût, que ce soit pour en faire un trône somptueux vibrant de couleurs, recouvert de riches étoffes, ou, au contraire une simple planche de bois sculpté ; mais si le cœur vous en dit, ne vous privez pas d'une petite chaise en plastique, ni d'un fauteuil de jardin en osier.

C'est sur ce siège que vous prendrez place pour méditer, pour vous concentrer ou pour célébrer certains rituels. Et dites-vous bien que, plus vous vous en servirez pour vos pratiques magiques, plus il s'imprègnera de cette magie – jusqu'à en prendre sa propre personnalité, en accord avec la vôtre.

Il existe cependant une circonstance extrême où vous pourriez envisager de laisser quelqu'un d'autre s'y asseoir : pour obtenir une guérison, si vous estimez nécessaire de transférer à la personne que vous voulez aider le maximum de votre énergie magique. Dans ce cas, dès la fin de la cérémonie, il vous appartiendra d'observer un rite de nettoyage puis de vous y asseoir chaque fois que vous en aurez la possibilité afin de lui restituer votre énergie magique.

Les amulettes et les talismans

Les **amulettes** servent à protéger, les **talismans** ont chacun une fonction précise. Ce sont des objets puissants, qui vous sont propres, que vous devez porter, utiliser pour renforcer un sort ou donner un angle personnel à votre magie. Tant que vous en faites usage, ils absorbent votre énergie et peuvent s'avérer extrêmement influents.

Il peut s'agir de n'importe quel objet, quoiqu'il soit préférable de les sélectionner dans le domaine du mystère et de la chance, histoire de commencer sous de bons auspices. Par exemple, la simplicité et la logique commandent de choisir un trèfle à quatre feuilles, un cristal, un morceau du mur de Berlin, une statuette, une pièce de monnaie rare, un flacon d'eau bénite, des rognures d'ongles enveloppées dans du coton, des cailloux aux formes étranges, ou un bréchet de poulet doré au spray. Parmi les amulettes les plus connues, on peut citer la pierre trouée (également appelée pierre de sorcière), percée en son centre. On en trouve souvent sur les plages, perforées par l'action de la mer. Dans leur trou sont piégées toutes les ondes négatives. Signalons que certaines pièces anciennes étaient ainsi percées, dans le même objectif.

Portez vos talismans et amulettes autour du cou, dans un sachet de tissu accroché à un lacet de cuir. Ainsi vous ne risquerez pas de les oublier dans la poche d'un vêtement ! Méfiez-vous : si vous désirez vous baigner, les matières naturelles sont rarement imperméables. Si, pour une raison ou pour une autre, vous deviez laisser vos amulettes et talismans chez vous, que ce soit dans un coffret réservé à cet effet. N'hésitez pas à choisir une boîte aussi précieuse que possible puisqu'elle renfermera des objets plus précieux encore et, en leur offrant un réceptacle luxueux, vous ne ferez qu'ennoblir leur fonction. Inutile, pour autant de dépenser beaucoup d'argent ! Un morceau de soie ou de velours, une plume dorée, un ruban de strass sur une boîte d'allumettes feront l'affaire. À vous de les disposer de façon à en tirer le plus inestimable des écrins !

Si vous désirez fabriquer et consacrer un talisman à l'usage de quelqu'un d'autre, il vous faudra tout d'abord connaître certains détails sur cette personne. À commencer par son nom, sa date de naissance (jour de la semaine y compris), sa couleur préférée et les raisons qui l'amènent à vouloir porter ce talisman. Vous aurez également besoin d'objets qui viennent d'elle, tels que mèche de cheveux ou rognures d'ongles, ainsi que de papier de couleur (choisie en fonction de la requête), d'un ruban, d'un stylo, d'huiles, d'herbes et au moins d'un objet se rapportant à son souhait, par exemple une photo. Vous combinerez ensuite tous ces éléments en écrivant sur le papier, qui vous servira à envelopper le tout.

Une fois que vous aurez noué l'ensemble avec le ruban, placez votre talisman sur l'autel, allumez une bougie dorée pour le Soleil, une bougie d'argent pour la Lune. Placez votre coupe avec l'eau d'un côté, la pierre symbolisant la Terre de l'autre, et un bâton d'encens au milieu. Demandez, en une prière personnelle au dieu et à la déesse, de bénir votre talisman et de lui donner du pouvoir, puis aux esprits de l'Air, de l'Eau, du Feu et de la Terre de bénir votre talisman et de lui donner du pouvoir. Versez dessus quelques gouttes d'eau, faites couler un peu de cire de bougie, agitez l'encens et répandez une pincée de terre dessus. Enfin, frottez-le de la pierre symbolisant la Terre en priant de nouveau pour achever de le bénir.

Asseyez-vous tranquillement et réfléchissez à l'usage de ce talisman, au bien qu'il attirera sur son destinataire et prononcez la formule appropriée à cette personne. Par exemple, le *Vœu à une bonne étoile* (voir plus loin) est utile aux gens qui semblent poursuivis par la malchance.

Lorsque vous êtes prête, tracez un cercle de guérison et de purification autour de votre autel et achevez votre rituel. Ensuite vous, ou la personne à qui il est destiné, devrez porter le talisman près du corps chaque fois que cela vous sera possible. S'il doit avoir une action à long terme, vous devrez le placer dans un endroit proche de votre activité, par exemple, si vous êtes pâtissière dans une cuisine, si vous êtes artiste dans votre atelier ; si c'est pour vous aider à dormir ou pour connaître l'avenir, mettez-le sous votre oreiller, et s'il concerne vos distractions, dans la pièce où vous vous distrayez !

Le Grand calendrier de l'Être – Jours de fête et sabbats

Vous trouverez ci-contre les principaux jours de fête du **Grand calendrier de l'Être** d'une sorcière, notamment les **sabbats.** Ce tableau vous indique les correspondances avec le calendrier grégorien.

Ce sont là trois sujets

Chandeleur des sorcières – 1ᵉʳ janvier (nouvel an)

Épiphanie – Douzième jour après Yule – 2 janvier

Sabbat d'Imbolg – 2 février

Saint-Valentin – 14 février

Saint-David – 1ᵉʳ mars

Saint-Patrick – 17 mars

Sabbat d'Ostara – 21 mars (on y célèbre également l'équinoxe du printemps, du 20 mars : les jours et les nuits sont d'égale durée)

Fête des Mères – La fête de toutes les femmes – 2 avril

Saint-Georges – 23 avril

Sabbat de Beltane – 1ᵉʳ mai (fête du Travail)

Sabbat de Litha – 21 juin – Solstice d'été (jour le plus long de l'année ; on y fête également la Saint-Jean)

Sabbat de Lammas – 1ᵉʳ août – Début des moissons

Sabbat de Mabon – 21 septembre (on y célèbre également l'équinoxe d'automne du 22 septembre : les jours et les nuits sont d'égale durée)

Saint-Michel – 29 septembre

Sabbat de Samhain – 31 octobre – Fin de l'été, fête des morts (Halloween)

Nouvel an celtique – Début de novembre (Toussaint)

Saint-André – 30 novembre

Sabbat de Yule – 21 décembre – Solstice d'hiver (jour le plus court de l'année)

Les animaux, le pentacle et la nudité

couramment associés aux sorcières et qui inquiètent ou même terrorisent la plupart des gens. Rassurez-vous : il ne faut pas vous en faire toute une histoire, et je vais vous expliquer pourquoi !

Un **démon familier** (ou Famulus du magicien) était autrefois représenté par un **animal** (le plus souvent un chat noir) qui parlait avec la sorcière et tétait son troisième sein ! Voilà une notion parfaitement révoltante, outre qu'elle est inexacte, à jeter aux orties avec la chasse aux sorcières, les bûchers, noyades et autres persécutions.

Il arrive que certaines personnes naissent avec des embryons de seins supplémentaires, un peu comme les multiples mamelles des chats et des chiens. On a ainsi vu jusqu'à six traces de tétons sur le corps d'un bébé. Ce ne sont, en réalité que des sortes de taches de naissance faciles à faire disparaître par un petit acte chirurgical. Plus ou moins héréditaires, elles peuvent survenir aussi bien chez les hommes que chez les femmes. Évidemment, on les considérait autrefois comme une marque du démon et cela faisait immanquablement de vous une sorcière équipée pour allaiter ses démons familiers. Moi, je dis *niet* !

Si de nombreuses sorcières ont des chats, c'est tout simplement parce que cet animal a une intense perception de son environnement et distingue les esprits qui l'entourent. Combien de fois n'avez-vous vu votre chat fixer intensément un endroit apparemment vide ? Cela leur arrive très souvent parce que ce sont des animaux extrêmement sensibles.

Si vous désirez un animal, vous n'êtes pas obligée pour autant de prendre un chat. Peut-être aurez-vous l'impression de mieux dialoguer avec un chien ou un cochon d'Inde ! En général, les animaux émettent de petits sons pour communiquer, plus vous les écouterez, plus vous comprendrez la signification de chaque son, comme si vous appreniez une langue étrangère. Si vous vous mettez au diapason de votre compagnon, vous n'aurez aucun mal à identifier ses désirs et ses pensées. Il peut vous alerter de dangers que vous n'auriez pas sentis, vous accueillir joyeusement et, en règle générale, vous aider dans votre pratique de la magie. Une sorcière peut fort bien se passer d'un compagnon à quatre pattes. Cependant, non seulement il perçoit des ondes auxquelles nous ne sommes pas sensibles, mais il peut aussi nous être d'un grand réconfort.

À la seule mention du mot **pentacle**, la plupart des gens grincent des dents, comme si vous veniez de leur montrer la marque du diable ! C'est faux ! Un pentacle n'est jamais qu'une étoile à cinq branches (penta signifiant cinq en grec). Si vous voulez utiliser ce joli symbole pour éloigner le démon, c'est votre affaire, mais ce n'est pas là l'usage d'un pentacle ni une habitude de sorcière.

On a trouvé des étoiles à cinq branches dans d'anciennes tombes égyptiennes. C'est un symbole magique qui représente la protection et vous aidera beaucoup sur votre autel. Quatre de ses pointes représentent un archange, Michel, Gabriel, Uriel et Raphaël ou, si vous préférez, les évangélistes : Matthieu, Marc, Luc et Jean. La cinquième pointe représente l'esprit de la Lune, ou le dieu et la déesse réunis, Isis et Osiris, Jésus et Marie, Thoth et Hathor, Cernunnos et Cerridwen, le créateur et l'esprit, le Seigneur et la Dame, quels que soient les noms que vous leur donniez.

Vous pouvez décorer votre pentacle avec des mots sacrés, des noms, des symboles et des

couleurs, tout ce que vous voudrez : lorsque vous prierez dessus, énergie magique et pureté n'en seront que renforcées. C'est un magnifique symbole sur lequel vous pouvez vous concentrer lorsque vous récitez vos formules ou lorsque vous méditez. Plus vous vous appuierez sur le pentacle dans vos prières, vos rituels et vos actions de grâces, plus son pouvoir magique sera grand. Chaque fois que vous tracez un pentacle autour de vous, vous êtes totalement protégée de l'extérieur et des mauvaises influences.

Enfin, la **nudité** ! En un mot comme en cent, ce n'est absolument pas une nécessité ; vous seule déciderez ou non de vous promener en tenue d'Ève ! Laissez-moi tout de même vous dire combien il est AGRÉABLE D'ÊTRE NUE. C'est ainsi que nous sommes venus au monde et c'est là notre état naturel. Si nous avons des complexes à nous déshabiller, c'est uniquement par autosuggestion. Quel plaisir de se promener dans la nature, débarrassée de l'entrave des vêtements, de laisser le soleil vous réchauffer le corps ou la pluie vous rafraîchir – essayez, vous verrez !

Si les sorcières ôtent leurs vêtements pour pratiquer leurs rituels, c'est pour se sentir plus proches de leur personnalité profonde, plus près de la nature, afin de mieux percevoir les éléments qui les entourent. Il est très difficile de sentir le souffle de la vie caresser un corps engoncé dans un pantalon de velours côtelé et un pull en laine ! Cela dit, les sorcières ne passent pas leur vie à se promener toutes nues et il existe différentes tenues pour différentes fonctions ; comme, d'autre part, il semble difficile d'arpenter les boulevards dans le plus simple appareil, les sorcières préfèrent en général la campagne et l'intimité des lieux magiques. Elles ne cherchent pas à attirer l'attention sur elles mais, tout simplement, à communier avec l'essence de la vie, dans leur état le plus naturel.

Si vous ne tenez pas spécialement à être vue en petite tenue ou si vous êtes trop pudique, souvenez-vous que les sorcières peuvent également porter pour leurs pratiques, de somptueuses robes aux couleurs éclatantes. Vous n'avez pas à ôter vos vêtements – quoique cette démarche semble plus évidente – pour vous sentir proche de la nature.

Le Livre des Charmes et le Livre des Songes

Votre **Livre des Charmes** (également appelé *Livre des Ombres*), comme tout votre matériel, vous est totalement personnel. Il s'agit d'un journal que vous remplirez jour après jour et auquel vous ajouterez toutes les pratiques et formules que vous découvrirez. Songez qu'il existe des sorts vieux comme le temps et connus de tous, ou presque ; vous pouvez commencer par y noter ces classiques.

Très vite, vous consignerez ceux que vous aurez créés et qui vous conviennent. Décorez votre *Livre des Charmes* des mots magiques, des nombres et des symboles qui vous sont propres et n'hésitez pas à y inclure toutes vos expériences magiques, toutes les formules, toutes les recettes que vous utiliserez. Vous pourrez vous y référer régulièrement car, plus il sera gros plus vous aurez de mal à vous souvenir de tout ce que vous y aurez écrit.

Conservez votre *Livre des Charmes* enveloppé dans un tissu de coton et, si possible, sur l'autel de votre lieu sacré ou temple. Ne laissez personne le lire. Toutes vos recettes, tous vos secrets s'y trouvent, il vous sert à faire le bien autour de vous, cachez-le.

La divination par les rêves s'appelle oniromancie. Votre ***Livre des Songes*** doit rester près de votre lit et, chaque fois que vous faites un rêve, vous devez vous réveiller pour immédiatement le consigner dans ses pages. C'est infiniment plus difficile qu'il n'y paraît. Si vous vous réveillez à 3 h 30 du matin, il vous faudra une bonne dose de volonté pour ne pas vous rendormir aussitôt, mais prendre un crayon et vous mettre à écrire ! Cependant, même si, le lendemain, votre texte vous semble illisible, même si dans la nuit vous ne voyez pas ce que vous griffonnez, persévérez. Peut-être ne vous rappellerez-vous que des bribes de votre rêve, mais, une fois que vous aurez commencé à écrire, vous verrez vous revenir certains détails qui vous avaient échappé. Certes, tout cela demande de l'entraînement, mais vous finirez par y arriver. À la longue, vous en prendrez l'habitude et, à force de relire vos rêves, vous saurez en décoder les messages. Vous apprendrez à vous réveiller automatiquement à une certaine heure chaque nuit, le rêve encore vivace, et vous saurez vous débarrasser du désir de vous rendormir sur-le-champ.

Vos rêves vous envoient des présages, prédisent l'avenir, annoncent la chance ou la malchance, et vous préviennent des événements qui se préparent. Si nécessaire, consultez un dictionnaire des rêves – il en existe beaucoup –, mais n'oubliez pas d'inclure tous les aspects les plus insignifiants dans votre diagnostic, afin de bien les décrypter. Comme pour le reste, il vous faudra du temps pour y parvenir, mais, plus vous vous y astreindrez, plus vous serez habile. Votre *Livre des Songes* grossira comme votre *Livre des Charmes* et deviendra un instrument des plus précieux.

Le cercle magique

Vous tracerez votre cercle magique de préférence sur le sol, en y incluant un pentacle, pour y pratiquer vos rituels. Ce peut aussi être un cercle de lumière blanche dans l'air. Il a pour but de vous protéger et de renforcer votre énergie magique. Il n'est pas nécessaire d'avoir un cercle magique, mais cela ne peut qu'ajouter de la puissance à vos sorts et à vos cérémonies, tout en vous protégeant et en vous aidant à vous concentrer.

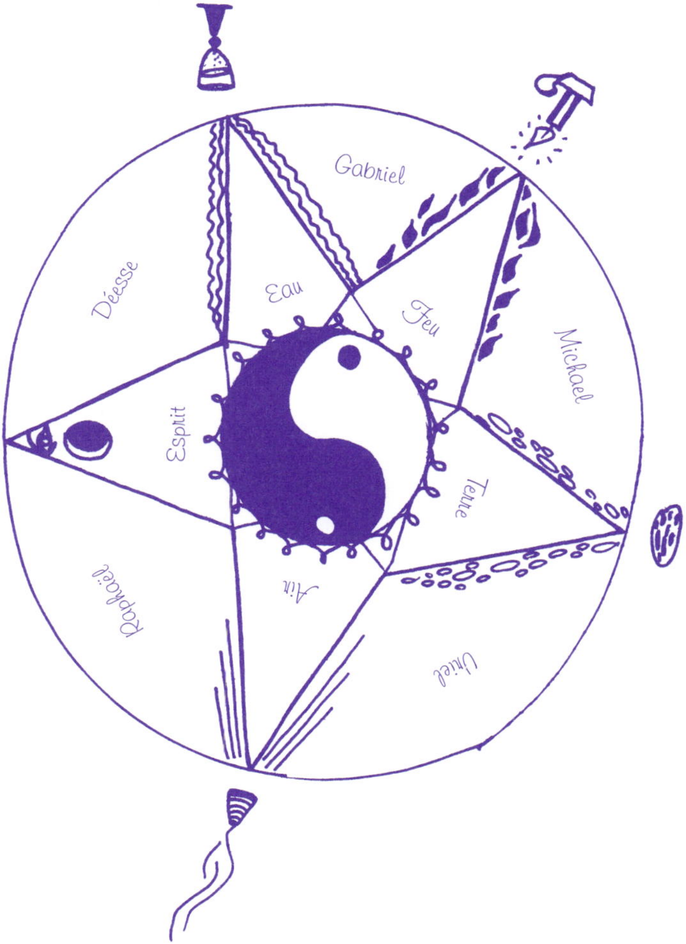
Gabriel
Déesse
Eau
Feu
Michael
Esprit
Terre
Air
Raphaël
Uriel

Certaines personnes sont plus attirées que d'autres par le cercle magique. Si vous préférez, utilisez une table circulaire que vous aurez décorée. Chaque sorcier, chaque sorcière fabrique son propre cercle, comme tout le reste, en fonction de sa personnalité. Néanmoins, il existe un schéma de base à respecter. D'abord, choisissez le lieu que vous consacrerez à vos pratiques. Ce peut être votre maison, votre jardin, un coin à la campagne… Songez avant tout qu'il vous est particulier et ne peut servir qu'à votre culte. Bien entendu, vous pouvez y inviter des gens ou des clients (cette notion sera explicitée plus loin), mais n'oubliez pas que c'est le lieu sacré où se rassemble toute votre énergie magique, votre temple.

Tracez un grand cercle avec de la craie, ou de la farine ou du sel si c'est sur un tapis ou sur du plancher. Si vous vous trouvez à l'extérieur et ne pouvez utiliser ces matières, formez votre cercle à l'aide d'objets naturels comme des fétus de paille, des cailloux ou des morceaux de bois. Vous avez également la possibilité d'utiliser des bougies blanches. Si vous le désirez, vous pouvez tracer un autre cercle à l'intérieur du premier, afin de créer une frontière.

Dans cette frontière, vous pouvez inscrire vos noms

magiques préférés et, entre chaque nom, dessiner un pentacle. Parmi les noms les plus classiques, utilisés en Égypte ancienne, il y avait Aton, Amon, Hathor, Anubis et Isis, mais vous pouvez préférer des noms d'anges – par exemple Michel, Gabriel, Uriel et Raphaël ; ceux des évangélistes, Matthieu, Marc, Luc et Jean ; ou des noms étrangers, ou d'autres qui se rapportent à vos dons particuliers – par exemple Thoth, protecteur des écrivains, Ptah, protecteur des artisans, Imhotep, protecteur des médecins, Hathor, déesse de l'amour, et ainsi de suite.

Avancez jusqu'au centre du cercle ; vous pouvez vous y asseoir. Placez-y votre table, votre autel ou votre pentacle et procédez à votre pratique. Le but du cercle est de concentrer les énergies magiques et de protéger votre culte. Quand vous y entrez ou quand vous en sortez, frayez-vous un passage à l'aide de votre couteau de sorcière. Ce seuil vous donnera encore plus l'impression d'utiliser un lieu sacré et retiendra les forces protectrices à l'intérieur. Souvenez-vous, à la fin de vos pratiques, de toujours refermer le passage avant de refermer le cercle.

La coupe et le couteau de la sorcière - l'athamé

Coupe

Coupe

La **coupe** est essentiellement un récipient servant à boire l'eau et le vin, à exécuter un rituel ou à répandre le liquide consacré. La plus célèbre fut le Saint-Graal et, aujourd'hui encore, les chrétiens utilisent des calices pour communier.

C'est vous qui en choisirez le modèle. J'ai trouvé la mienne dans un salon de la brocante ; elle est en bois sculpté avec des incrustations d'ébène. Dès que je l'ai vue, j'ai su à quoi elle allait me servir. Comme si elle m'était destinée. Je ne l'ai pourtant pas achetée tout de suite, ce qui ne me ressemble pas car, d'habitude, j'agis plutôt d'instinct, mais, je ne m'en étais pas éloignée de quelques mètres que je me suis sentie inquiète ; j'ai alors compris que je m'en voudrais si je laissais cette coupe me passer sous le nez. Je me suis précipitée vers le stand et je l'ai achetée. J'en ai éprouvé un tel soulagement que cela m'a suffi pour comprendre que je ne m'étais pas trompée.

Le couteau de la sorcière, qu'on appelle aussi **athamé**, ne sert qu'à couper les ingrédients qui vont servir à votre pratique : herbes, fleurs, rubans. Il doit toujours être doté d'un manche noir sur lequel vous pourrez apposer une inscription personnelle si vous le désirez. Choisissez-le petit, comme une petite dague, un couteau de cuisine ou même un canif. Il n'est pas nécessaire que la lame soit très aiguisée puisqu'elle doit servir à couper quelques ingrédients… Inutile de provoquer des accidents ! Vous la placerez dans la coupe d'eau, la plongerez dans le récipient de sel, la passerez sur la flamme de la bougie ou à travers la fumée de l'encens et la promènerez sur la pierre sacrée pour les envoûtements. Il vous faudra la nettoyer avec de l'essence de chêne pour la postérité, et la placer devant un cristal vert ou rose pour lui donner l'énergie de la guérison et la force de l'amour quand elle ne sert pas.

Les Gardiens des Tours

Les **Gardiens des Tours** sont les quatre éléments qui vous protègent quand vous procédez à vos pratiques à l'intérieur du cercle magique. Il existe de nombreuses façons de les solliciter, mais le rituel général d'invocation est fait une fois que le cercle magique a été tracé autour de vous.

À l'aide d'une boussole, placez quatre bougies blanches aux quatre points cardinaux : nord, sud, est et ouest. Allumez les bougies. Prenez ensuite votre athamé et pointez-le d'abord vers la chandelle de l'est en disant :

« Bienvenue, gardiens des tours de l'est, seigneurs de l'Air, je vous invoque pour assister à ce rite et protéger le cercle. »

Ensuite, pointez-le vers la chandelle du sud en disant :

« Bienvenue, gardiens des tours du sud, seigneurs du Feu, je vous invoque pour assister à ce rite et protéger le cercle. »

Ensuite, pointez-le vers la chandelle de l'ouest en disant :

« Bienvenue, gardiens des tours de l'ouest, seigneurs des Eaux, je

vous invoque pour assister à ce rite et protéger le cercle. »

Enfin, pointez-le vers la chandelle du nord en disant :

« Bienvenue, gardiens des tours du nord, seigneurs de la Terre, je vous invoque pour assister à ce rite et protéger le cercle. »

Quand vous aurez terminé, vous serez en sécurité à l'intérieur de votre cercle magique, protégée par les gardiens des tours. Vous pourrez dès lors procéder à vos cérémonies, sorts et tout ce que vous voudrez…

Le rituel achevé, vous libèrerez les gardiens de leur guet, sans omettre de les remercier. Encore une fois, pointez votre athamé ou votre baguette magique en direction de chaque bougie en prononçant ces paroles :

« Gardiens des tours de l'est, seigneurs de l'Air, je vous remercie et je m'en vais, avec bonheur et diligence, fermer ce cercle. »

Puis :

« Gardiens des tours du sud, seigneurs du Feu, je vous remercie et je m'en vais, avec bonheur et diligence, fermer ce cercle. »

Puis :

« Gardiens des tours de l'ouest, seigneurs des Eaux, je vous remercie et je m'en vais, avec bonheur et diligence, fermer ce cercle. »

Enfin :

« Gardiens des tours du nord, seigneurs de la Terre, je vous remercie et je m'en vais, avec bonheur et diligence, fermer ce cercle. »

Aigremoine

« … En m'effleurant pour m'attirer lentement, de plus en plus profond. Aaaaaaahhh… »

Livre des âmes – Archives akashiques

LES SORTS ET QUELQUES RECETTES PARTICULIÈRES

Un sort est une affaire personnelle. À mesure que vous vous familiariserez avec vos formules, vous les trouverez plus puissantes et les mots vous viendront plus facilement. Bien qu'il paraisse d'innombrables livres pleins de formules et de sorts à l'usage des sorcières, vous devriez vite apprendre à composer les vôtres. La déesse, ou votre guide spirituel vous aideront à découvrir vos rituels et vous connaîtrez de mieux en mieux vos herbes, les phases de la lune, les différentes huiles, etc.

Il est important que vous développiez votre propre pratique vous-même : vos sorts seront plus efficaces s'ils viennent de vous. Cependant, il existe quelques règles importantes à respecter :

1. Tout sort doit servir au bien d'autrui. Si vous avez la tentation de détruire la vie de quelqu'un ou de lui faire du mal sans raison, cela ne vous rapportera rien de positif : **toute formule de haine se retourne contre son auteur.** Vous risquez seulement de nuire à votre propre vie. En revanche, si c'est une juste cause qui vous pousse à prononcer une formule maléfique contre une personne prête à vous faire du mal, ou si vous invoquez Maat, la déesse égyptienne de la justice, au nom de l'équité, il existe plusieurs moyens de vous protéger et de vous assurer que le malfaiteur soit puni. **Ce genre de sort ne doit être utilisé que dans les cas extrêmes.**

Avant de jeter un sort, n'oubliez pas :

* qu'un rituel entouré ou enveloppé de feu **embrase** vos sorts d'une vie ardente ;
* qu'un rituel passé à la fumée de l'encens **souffle** la vie sur vos sorts ;
* qu'un rituel arrosé d'eau **nourrit** de vie vos sorts ;
* qu'un rituel enfoui dans le sol **plante** la vie dans vos sorts.

 Maintenant que vous connaissez les quatre façons de donner vie à vos sorts, peut-être aimeriez-vous savoir à quel élément les accorder. Par exemple, Hor-Pa-Khered était un dieu guérisseur en Égypte et ses adorateurs croyaient qu'il fallait verser de l'eau sur son image tout en lui adressant une prière pour que cette eau s'emplisse de pouvoirs magiques qui allaient guérir la maladie. En revanche, si vous désirez que cette eau s'emplisse d'énergie amoureuse, il vaut mieux vous adresser à l'image d'Hathor ou d'Isis.

 Si vous connaissez le vrai nom d'une divinité ou d'un esprit, vous pouvez vous adresser à son image pour donner vie à vos sorts en son nom. Dans l'Égypte ancienne, on invoquait les noms des divers serpents et scorpions en mêlant de l'ail et du sel à des pains d'orge pour guérir les morsures de serpents ; l'« herbe à scorpion », mêlée à du vin ou à de la bière, servait contre les piqûres de scorpions. Il existait d'innombrables serpents venimeux, mais on les désignait sous les noms de Mehen, Hereret et Apophis ; en les invoquant, les Égyptiens croyaient les dominer et pouvoir les obliger à travailler

pour eux (et non contre eux) et, par là même, annuler leurs morsures et piqûres mortelles.

Meretseger, la déesse serpent protectrice, Selket, la déesse scorpion protectrice, Wadjit, la déesse cobra protectrice et Nekhbet, la déesse vautour protectrice, étaient souvent placées autour des maisons pour les défendre. Une fois que vous connaissez le nom de votre dieu ou de votre déesse, vous le dominez. C'est pourquoi l'un des plus grands dieux de l'Égypte, Amon, était également appelé « dieu caché » et gardait secret l'un de ses nombreux noms. Malheureusement, Hathor, sous sa forme primitive de lionne destructrice, l'apprit par ruse et put alors le vaincre. Cela pour vous souvenir de ne jamais divulguer à quiconque votre nom secret lorsque la déesse vous l'aura donné !

 Vous pouvez éloigner le mal grâce à divers signes des mains :

* **Les Cornes** – index et petit doigt tendus, les autres doigts pliés. Ce signe sert simplement à retourner les ondes négatives vers celui qui vous les envoie.
* **La Croix** – de même, si vous croisez les index tout en renvoyant mentalement les ondes négatives, vous serez protégée de tout rebond.

* **La Pyramide** – formez une pyramide avec les deux pouces et les deux index et placez-la au milieu de la poitrine ou sur le troisième œil pour augmenter votre aura si vous vous trouvez dans une situation négative. Vous pouvez également vous en servir pour voir avec votre troisième œil lorsque vous désirez prédire ou connaître l'avenir. Cela requiert une certaine pratique mais vaut la peine d'être essayé. Les yeux fermés, placez la pyramide devant votre troisième œil et concentrez-vous sur l'image qui vous vient à l'esprit.

* **La Bénédiction** – les deux index tendus pour renforcer le pouvoir de vos formules.
* **Le Daim** – l'index et le pouce arrondis pour former un cercle, les trois autres doigts tendus, figurant les cornes du daim. Pendant vos incantations ou lorsque vous fabriquez un talisman, promenez trois fois ce signe en cercle au-dessus du talisman ou de l'encens.

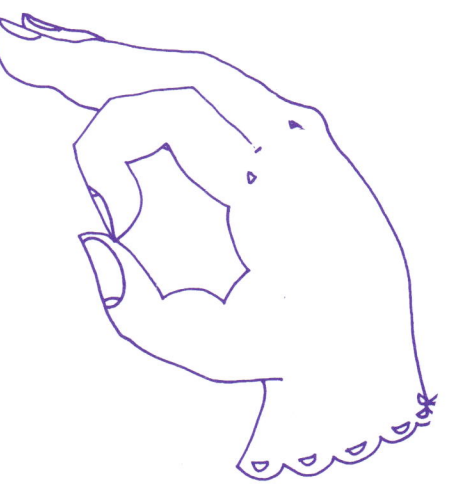

Il y a beaucoup d'autres symboles à former avec les mains pour ajouter du pouvoir ou en retirer, selon vos désirs ; vous pourrez les rassembler dans votre *Livre des Charmes*. Certains vous paraîtront particulièrement faciles et plus efficaces que d'autres. Ce sera l'une des clefs de votre force personnelle.

La Lune

La lune croît et décroît à peu près en un mois. Le cycle commence avec la nouvelle lune, invisible, mais qui brille de plus en plus à mesure qu'elle monte dans le ciel. À mi-chemin, elle est parfaitement ronde et au summum de sa brillance, puis elle se met à décroître et s'atténue jusqu'à devenir complètement noire avant de reprendre son ascension. Les divers mouvements du cycle sont : nouvelle lune, lune montante, premier quartier (l'astre a parcouru exactement un quart de sa révolution autour de la Terre), lune montante, pleine lune, lune décroissante, dernier quartier (l'astre aborde le dernier quart de sa révolution autour de la Terre), lune décroissante, et nouvelle lune.

La lune est directement liée à la déesse, Esprit de la Lune ; lorsque vous l'invoquez, il vaut mieux que vous connaissiez la position de l'astre – croissant ou décroissant – car cela affectera directement vos sortilèges.

Nouvelle lune : pour saisir ou comprendre une chose
Lune croissante : pour attirer ou ajouter une chose
Pleine lune : pour augmenter et élargir une chose
Lune décroissante : pour réduire ou ôter une chose

Par exemple, si vous désirez vous débarrasser d'une verrue, d'ondes négatives ou d'un partenaire encombrant, il vaut mieux vous y prendre pendant la lune décroissante ; votre problème décroîtra avec. Si vous désirez améliorer vos perspectives de travail, ou votre santé ou avoir des enfants, il est clair que ce doit être fait pendant la lune montante (croissante), ce qui multipliera vos chances de succès.

La lune possède un énorme pouvoir. Sa force gravitationnelle contrôle le mouvement des marées sur Terre (sans pour autant nier le rôle de la Terre et du Soleil), mais son influence

sur nos corps est souvent méconnue. Nous sommes pourtant fais à 90 % d'eau, que la lune régit directement. Ce qui explique pourquoi certaines personnes sont enclines à exprimer leur non-conformisme durant certaines phases de la lune. Une de mes vieilles tantes passait pour devenir folle à la pleine lune car elle dansait nue dans sa maison. Or elle était tout simplement en phase avec la lune et l'honorait à sa façon. Évidemment, pour qui n'était pas au courant, cela pouvait paraître gênant mais, par bonheur, nous avons quelque peu évolué depuis cette époque ! Une autre tante m'emmenait souvent, quand j'étais petite, à une fenêtre du dernier étage et souhaitait bonne nuit à la lune, en chanson, avant d'aller se coucher. Elle m'avait appris les paroles de ce chant, qui disaient :

Au revoir, madame la Lune,
Revenez nous rendre visite
Nous nous éveillerons plus vite
Au revoir, madame la Lune.

C'était devenu un rite que nous observions chaque fois que j'allais chez elle et j'en tirais une intense sensation de paix et de sécurité, avant d'aller dormir. Voilà une excellente idée pour sensibiliser un enfant à la quiétude de l'Esprit de la Lune.

Si vous vous trouvez au centre d'un rond de sorcière (une étendue d'herbe décalée par rapport au reste de la prairie et formant une sorte d'anneau, ou une étendue de champignons ou de pâquerettes plantés en cercle), faites un vœu à la pleine lune pour qu'il se réalise. D'autre part, il est préférable de récolter les herbes et tous les ingrédients nécessaires à vos rituels pendant une nuit de pleine lune. Cela les rendra plus actifs.

Vous trouverez à la suite quelques sorts assez connus qui peuvent vous aider pour débuter. Je les ai recueillis dans le monde entier, à la suite de discussions avec d'autres sorcières, surtout de Bulgarie où la sorcellerie est révérée. Ils nécessitent des ingrédients qui ont fait leurs preuves et donnent de bons résultats. Avant de vous lancer, assurez-vous que votre cœur est pur et que vous ne cherchez qu'à rendre service. Vous allez utiliser des instruments puissants et, si vous commettez une erreur ou n'observez pas un minimum de respect, vous pourriez attirer plus de forces que vous ne l'auriez désiré ou, plus simplement, le sort risque de ne pas marcher. Cela dit, plus vous serez en accord avec vous-même, plus vous éprouverez de facilité à préparer vos propres rituels.

Si vous possédez les instruments de base, avez le désir de réussir et connaissez les

meilleurs endroits comme les époques fastes, vous ne pouvez échouer. Étudiez les différentes propriétés des essences et des herbes, trouvez des livres qui se réfèrent aux objets mystiques et utilisez vos dons pour combiner ces ingrédients afin d'en tirer des sorts puissants qui n'appartiendront qu'à vous.

Avant tout rituel, nettoyez le lieu sacré, ou temple, que vous utilisez. Ce rite de nettoyage vous sera personnel et peut parfois varier d'une cérémonie à l'autre, mais il doit toujours s'achever par votre phase de sérénité, toutes démarches qui vont vous être expliquées ultérieurement. Par exemple, un de mes amis commence régulièrement son rituel par la prière au Seigneur, sans doute la formule de protection la plus puissante de tous les temps. Une autre amie aime arroser le plancher d'une bonne giclée de shampooing à moquette, avant d'allumer des bâtons d'encens et des bougies blanches pour purifier l'air, puis de remercier son guide spirituel. Vous trouverez ce qui vous convient le mieux. Je conseille beaucoup d'air pur, au moins une bougie blanche et une prière d'action de grâces avant d'entamer votre installation de base, à laquelle vous pourrez ajouter à votre gré huiles, fleurs ou objets sacrés. Si vous avez un pentacle sur votre autel, dont chaque branche est dédiée à un nom précis, posez un objet se rapportant à ce nom au bout de chaque pointe, par exemple : votre pierre sacrée (Terre), une bougie (Feu), un bâton d'encens (Air), votre coupe (Eau) et un cristal (Esprit).

Si vous désirez jeter un sort pour punir une malveillance ou pour renvoyer à quelqu'un le malheur qu'il a répandu, appuyez-vous toujours sur votre jambe droite et levez la main gauche vers le ciel avant de réciter votre formule. La jambe droite appuyée sur le sol permet au pouvoir de circuler en vous et la main gauche convoie le sort vers les éléments afin que le vent l'emporte, tout en évacuant les ondes négatives de votre corps. Mais surtout, lavez-vous toujours les mains avant de commencer !

N'oubliez pas, si vous êtes sous surveillance médicale ou en cours de traitement, de parler à votre médecin des recettes que vous pourriez mettre en œuvre afin de prévenir toute allergie éventuelle ou toute incompatibilité avec les médicaments que vous prenez.

Une dernière recommandation : vos prières doivent toujours être sincères. Les esprits discernent fort bien ceux qui veulent « se payer une tranche de rigolade » ; au mieux il ne se passera rien du tout. En revanche, si vous désirs sont authentiques et vos demandes honnêtes, vous verrez s'opérer des merveilles.

Rituel pour rester en contact avec un ami

 CE QU'IL VOUS FAUT :
* 1 bougie bleue
* 1 poignée de graines de carvi
* 2 sachets bleus
* 1 feuille de papier bleu (déchirée en 2)
* 1 stylo rouge
* 1 petite mèche de vos cheveux et 1 petite mèche de la personne avec qui vous désirez rester en contact

 CE QU'IL FAUT FAIRE :
Par une nuit de pleine lune, allumez la bougie bleue et asseyez-vous dans un cercle magique avec la personne qui s'en va ou avec qui vous désirez garder le contact. Tenez-lui les mains en disant :

« Déesse-Mère, je te prie d'empêcher (nom de la personne) de trop s'éloigner, garde-nous en constante relation, Déesse-Mère, qu'il en soit ainsi. »

Puis prenez votre petite mèche et placez-la dans un sachet avec la moitié des graines de carvi et votre nom écrit en rouge sur l'une des moitiés du papier bleu, et donnez-le à votre ami(e). Ensuite, demandez-lui de couper une petite mèche de ses cheveux, de la mettre dans le second sachet avec le reste des graines de carvi et son nom écrit en rouge sur l'autre moitié du papier bleu, et qu'il (elle) vous le donne. Tant que vous porterez ces sachets sur vous, vous resterez en contact. À la fin du rituel, mouchez la bougie (ne soufflez pas dessus) et défaites soigneusement le cercle magique.

N.B. Pour former un cercle magique à cet effet, asseyez-vous tout simplement avec l'ami(e) et tracez-le autour de vous en répandant du sel.

Rituel pour obtenir une beauté passagère

 CE QU'IL VOUS FAUT :
* 1 cuiller à café de pétales de rose séchés
* 1 cuiller à café de feuilles de manteau de Notre-Dame séchées
* 1 grosse poignée de lait en poudre
* 3 gouttes d'essence de myrrhe
* 2 bougies roses
* 1 photo ou image de la beauté désirée

 CE QU'IL FAUT FAIRE :
De préférence un vendredi, allumez les 2 bougies roses et placez-les de chaque côté de votre baignoire. Placez l'image ou la photo de la beauté que vous aimeriez obtenir en face de vous et faites couler un bain chaud. Jetez d'abord les feuilles sous l'eau du robinet, puis les pétales, puis le lait en poudre et enfin les 3 gouttes d'essence de myrrhe. Entrez dans le bain et, sans quitter l'image des yeux, récitez :

« Chère Déesse-Mère, chère Dame, baigne-moi dans la

sublime splendeur de ta lumière et rends-moi séduisante par cette nuit divine. »

Ensuite, lavez-vous comme d'habitude. Votre séduction durera toute la journée et toute la nuit.

Beauté passagère

Rituel égyptien pour s'attirer chance et protection

CE QU'IL VOUS FAUT :
* 1 bougie blanche
* 1 photo ou 1 dessin représentant une oreille sous laquelle vous aurez écrit Amon à l'encre noire
* 1 cachette

CE QU'IL FAUT FAIRE :

Allumez la bougie et placez le dessin dessous. Psalmodiez ces mots anciens :

« Il n'est point de refuge pour le cœur si ce n'est en Amon, le dieu au nom caché. Je prononce à haute voix ces mots afin que tous entendent louer ta bonté, et te demande chance et protection. »

Puis prenez le papier et placez-le face à la bougie en disant :

« Opérez en paix afin que je puisse vous répéter toutes les bonnes actions que mon cœur a

accomplies entre les anneaux du serpent afin de faire taire le mal. J'ai accompli quatre bonnes actions à la face du portail de l'horizon. J'ai créé les autres vents afin que chaque homme puisse respirer en son temps. Cela je l'ai fait. J'ai créé le grand déluge afin que l'homme pauvre ait autant de pouvoir que le puissant. Cela je l'ai fait. J'ai créé tous les hommes égaux, je n'ai point commandé qu'ils fassent le mal, c'est dans leur cœur qu'ils désobéissent à mes paroles. Cela je l'ai fait. J'ai incliné leurs cœurs à ne point oublier l'ouest, afin qu'ils fassent de divines offrandes aux dieux des nomes. Cela, je l'ai fait. »

Puis prenez le papier et replacez-le sous la bougie en disant :

« Amon, avec ces mots prononcés par le dieu au nom caché, accorde-moi chance et protection. »

Laissez la bougie brûler complètement et emportez ce qu'il en reste, avec le papier, pour les jeter dans un cours d'eau vive ou dans un ruisseau.

Rituel égyptien pour les morts

 CE QU'IL VOUS FAUT :
* 1 branche de verveine
* 1 morceau d'angélique confite
* 1 poignée de terre prise au bord de la tombe

 CE QU'IL FAUT FAIRE :
Jetez ces ingrédients sur le cercueil de la personne aimée, en commençant par la verveine, puis l'angélique et enfin la poignée de terre, en disant :

« J'en appelle à Rê Horakhti, qu'il entende ma prière et accepte ces messages au nom de (nom du défunt). Qu'une injonction et la magie terrassent pour moi l'esprit du mal, afin que (nom du défunt) puisse prendre place face à l'horizon et le contempler. Les amas deviendront des villes et les villes des amas et (nom du défunt) connaîtra la paix éternelle. »

Rituel égyptien pour recevoir une lettre ou des nouvelles

 CE QU'IL VOUS FAUT :

* 1 dessin ou 1 photo de 5 oreilles alignées, avec les noms, *Thoth, Amenhotep, Horemheb, Ani* et *Nakhte* écrits à l'encre bleue sous chaque oreille
* 1 morceau de papier vierge et une enveloppe adressée à vous-même
* 1 bâton d'encens d'oliban
* 1 endroit à l'air libre, en hauteur si possible

CE QU'IL FAUT FAIRE :
Faites brûler l'encens et dédiez le dessin des oreilles à chacun des dieux que vous invoquez :

« Cher Thoth, divinité des scribes et dieu lunaire, je t'implore d'entendre ma prière. Cher Amenhotep, grand intendant et intermédiaire auprès de Thoth, je t'implore d'entendre ma prière. Cher Horemheb, scribe des temps anciens, je t'implore d'entendre ma prière. Cher Ani, scribe royal des temps anciens, je t'implore d'entendre ma prière. Cher Nakhte, scribe et protecteurs des écrivains, je t'implore d'entendre ma prière. »

Ensuite, prenez l'enveloppe et pliez-la 5 fois dans la fumée de l'encens en répétant chaque fois :

« J'attends une lettre de (nom de la personne qui doit vous donner des nouvelles), *Thoth fais-la venir, Amenhotep fais-la venir, Horemheb fais-la venir, Ani fais-la venir, Nakhte fais-la venir, merci. »*

Puis brûlez l'enveloppe dans la fumée de l'encens, déchirez-la soigneusement en 5 morceaux que vous répandrez dans le vent. Votre lettre devrait arriver à la vitesse de l'éther.

Rituel égyptien pour demander vengeance

CE QU'IL VOUS FAUT :
* 1 bol en poterie
* 1 pinceau et de l'encre noire
* 1 endroit proche d'une chaussée

CE QU'IL FAUT FAIRE :

Peignez le nom de la personne qui vous a fait du tort sur le côté du bol. Dites à voix haute :

« J'en appelle à Maat, déesse de la justice, de l'équilibre et de l'harmonie, afin qu'elle juge la mauvaise action de (nom de la personne) *et le châtie. »*

Ensuite, prenez le bol et fracassez-le à terre. Poussez les morceaux sur la route et attendez que justice vous soit rendue. Méfiez-vous, en cassant le bol, qu'aucun des morceaux ne saute sur vous ou sur les gens qui vous accompagnent. Il est indiqué de porter des vêtements de protection et des bottes pour prévenir tout incident.

Pour qu'une personne vous remarque

CE QU'IL VOUS FAUT :

* 1 pomme bien rouge
* 1 morceau de papier bleu
* 1 stylo rouge
* 1 grosse cuillerée de miel liquide
* 3 gouttes d'essence de bruyère

CE QU'IL FAUT FAIRE :

Coupez le chapeau de la pomme. Évidez-en le cœur sans la séparer en deux. Écrivez avec le stylo rouge sur le papier bleu le nom de la personne dont vous désirez attirer l'attention. Pliez le papier et insérez-le dans le creux de la pomme puis remplissez le reste avec le miel liquide et les 3 gouttes d'essence de bruyère. Replacez le couvercle de la pomme. Déposez ensuite la pomme dans un placard sombre ou dans un endroit clos, au début de la lune montante, jusqu'à la pleine lune. À ce moment, sortez la pomme et enterrez-la dans votre jardin. Si vous n'avez pas de jardin, achetez un bac à fleurs et enterrez-la. Attendez le résultat, qui devrait être immédiat !

Si vous n'avez pas le temps d'attendre la phase croissante de la lune, vous pouvez opérer ce rituel à un autre moment, mais vous devez enterrer la pomme le lendemain et le résultat n'est plus garanti.

(L'objet de ce rituel consiste à faire une offrande sucrée à la déesse – la pomme et le miel – pour en même temps attirer son attention sur votre message blotti au cœur de cette friandise en utilisant des couleurs correspondant à votre désir.)

Pour susciter le désir

 CE QU'IL VOUS FAUT :
* 1/4 de litre d'eau de rose mélangée à part égale d'eau de fleur d'oranger
* 1 goutte d'essence de chêne
* 1 goutte d'essence de bruyère
* des aiguilles de romarin broyées
* 1 goutte d'huile de musc
* 7 bougies roses
* 1 bouteille de verre sombre
* 1 papier de soie vert
* 1 ruban vert

 CE QU'IL FAUT FAIRE :
Mélangez les ingrédients dans une coupe. Laissez reposer 14 jours dans un endroit sombre et frais. Au bout de 14 jours, versez la mixture dans une bouteille de verre sombre que vous envelopperez ensuite dans un papier de soie vert et nouerez d'un ruban vert. Consacrez la coupe sur votre autel et allumez 7 bougies roses installées autour. Priez à haute voix :

« Ô toi, Dame Lune, ô toi, Seigneur Soleil, je vous demande de répandre sur cette potion vos bienfaits d'amour et de désir afin que, tant que je la porte, je puisse attirer mon amour vers moi, avec votre bénédiction. »

Plongez le médius de votre main droite dans le liquide et portez-en une goutte sur votre troisième œil en disant :

« Tant que je porterai ce parfum, je le porterai pour toi, tant que j'userai de ce parfum, mon désir sera roi. »

Remerciez et nettoyez votre autel. Ensuite, portez votre parfum chaque fois que vous verrez la personne que vous désirez séduire.

Pour débarrasser votre maison d'énergies maléfiques

CE QU'IL VOUS FAUT :
* 1 vieille brique
* des rondelles d'angélique
* du sel
* 1 coupe d'eau froide
* 1 paire de gants ou 1 torchon de cuisine

CE QU'IL FAUT FAIRE :

Accomplissez ce rituel le premier jour de la lune montante. Placez quelques minutes la brique dans un four, jusqu'à ce qu'elle soit bien chaude. Sortez-la à l'aide de gants ou de torchons, et placez dessus les rondelles d'angélique et le sel. À l'aide de la coupe, arrosez-la d'eau jusqu'à la faire fumer et chantez 7 fois :

« J'en appelle à l'œil d'Horus afin qu'il protège cette maison, que l'invasion du malheur soit réduite à néant. »

Lorsque la brique a refroidi, placez-la à l'extérieur, devant votre maison et laissez-la, à titre de mise en garde contre toutes les autres énergies négatives, contre tous les malheurs qui voudraient y entrer.

Pour des cheveux vigoureux

CE QU'IL VOUS FAUT :
* 1 peigne de métal
* 1 coupe d'eau tiède
* 1 cuiller à café d'essence de chêne
* 1 cuiller à café d'huile d'olive
* le concours d'un cheval
* 1 bougie verte

CE QU'IL FAUT FAIRE :
Peignez la queue du cheval au-dessus de votre coupe d'eau à laquelle vous aurez mélangé l'essence de chêne et la cuiller à café d'huile d'olive. Lavez-vous les cheveux dans cette eau une fois par semaine à la lune montante (2 fois au total). En même temps, demandez à l'esprit de votre choix, *Epona, Mladovo, Voivoda* ou *Kovatchite* que votre queue-de-cheval soit aussi belle que la sienne.

Par une nuit de pleine lune, allumez une bougie verte sur laquelle vous aurez inscrit le nom de l'esprit du cheval et, tandis qu'elle brûle, répétez 7 fois :

« Je me suis lavé les cheveux et tu étais là, pour les rendre forts et les faire pousser. J'ai lavé mes cheveux pour les embellir, comme tu es beau. Bénis mes cheveux. »

Ensuite, regardez la bougie se consumer, prenez quelques cheveux et mélangez-les aux restes de la bougie puis enterrez le tout.

Pour retrouver un objet perdu

 CE QU'IL VOUS FAUT :
* 1 morceau de ficelle à 3 nœuds
* 1 bougie bleue
* 1 pâquerette

 CE QU'IL FAUT FAIRE :
Allumez la bougie, entourez votre index gauche de la ficelle et portez-le à votre front, entre vos deux yeux (sur votre troisième œil). Prenez la pâquerette dans la main droite. Tournez 3 fois dans le sens des aiguilles d'une montre en disant :

« Saint Antoine, saint Antoine, veuillez me rendre mon (nom de l'objet perdu), *voici cette pâquerette en cadeau. »*

Ensuite, soufflez sur la bougie et placez-la, avec la ficelle et la pâquerette, sur une étagère haute. Vous devriez retrouver ce que vous avez perdu dans les 2 jours.

Pour obtenir la réussite en toutes choses

CE QU'IL VOUS FAUT :
* 7 sarments de vigne
* votre miroir
* 1 bougie verte
* 1 petite grappe de raisin vert

CE QU'IL FAUT FAIRE :

À l'équinoxe du printemps, coupez 7 jeunes sarments de vigne et tressez-vous-en une couronne. Dans un coin secret, asseyez-vous face à ce miroir, la couronne sur la tête ; allumez une bougie verte sur laquelle vous aurez inscrit le mot *Triffon*. Placez une grappe de raisin vert autour de la base de la bougie. Regardez dans la glace, l'espace au-dessus de votre épaule droite. Détendez-vous et gardez les yeux ouverts. À l'instant où *Triffon* vous apparaît, sous quelque forme que ce soit, remerciez-le à voix haute d'avoir entendu votre prière et continuez à exprimer votre désir de réussite. Quand vous aurez fini, remerciez-le encore et soufflez sur la bougie. Placez-la ensuite avec le raisin dans un endroit élevé de votre maison et laissez-les-y un mois. Puis enterrez-les.

Pour qu'un souhait se réalise

 CE QU'IL VOUS FAUT :
- des pelures d'oignon
- 5 gouttes d'encens d'oliban
- 1 coupe d'eau recueillie dans une cascade

 CE QU'IL FAUT FAIRE :
Pratiquez ce rituel le premier jour de la lune montante. Prenez les pelures d'oignon et plongez-les dans la coupe avec les 5 gouttes d'encens d'oliban et de l'eau, une journée entière. Ensuite, prenez les pelures et faites-les sécher pendant 2 jours à la chaleur du soleil. Le quatrième jour, au matin, enflammez les pelures d'oignon dans un endroit sûr, de préférence dehors, ou dans un foyer, et concentrez-vous sur votre souhait. Chantez :

« Je prie le dieu Soleil et la déesse Lune de m'accorder ce que je désire (répétez ce que vous désirez), *les pelures grillées que j'offre au grand feu, le fruit de mon offrande à la grande lumière, à la lune montante, ainsi grandira le pouvoir de mon désir, qu'il en soit fait ainsi en vos deux grands noms. »*

Pour vous protéger avant de sortir de chez vous

CE QU'IL VOUS FAUT :

* 1 verre d'eau froide

CE QU'IL FAUT FAIRE :

Avant de vous aventurer au-dehors, ouvrez la porte d'entrée et versez le contenu du verre à l'extérieur, sur le sol. En franchissant le seuil, dites à haute voix :

« Puissent tous mes ennuis s'en aller avec ce verre, Seigneur et Dame, bénissez mes pas. »

Assurez-vous, en quittant votre maison, de marcher dans l'eau que vous avez répandue. (Ne retournez pas chez vous aussitôt car cela inverserait le sort.)

Pour obtenir chance et succès

CE QU'IL VOUS FAUT :

* 1 collier de verveine tressée
* 1 œuf de poule
* de la peinture rouge
* 1 jardin ou 1 bac à fleurs

CE QU'IL FAUT FAIRE :

Accomplissez ce rituel à 1 heure du matin, le premier jour du printemps. Tressez et portez la verveine comme une guirlande autour du cou. Faites bouillir l'œuf pendant 10 minutes. Laissez-le refroidir puis peignez-le en rouge. Enterrez-le dans votre jardin ou dans le bac à fleurs et mettez le collier de verveine par-dessus.

Pour favoriser la fertilité

CE QU'IL VOUS FAUT :

* des feuilles et des fleurs d'herbe de manteau de Notre-Dame
* de l'eau distillée
* 1 crécelle
* 1 poignée de feuilles de chêne
* 1 bougie verte
* 1 poignée de noix
* 1 lieu que vous avez consacré

 **CE QU'IL FAUT FAIRE :**

Confectionnez une décoction avec l'herbe de manteau de Notre-Dame et l'eau distillée ; buvez-en tous les jours pendant 3 semaines. (Pour faire une décoction, jetez 50 g de plantes séchées

dans 1 litre d'eau distillée, laissez tremper 1 heure puis portez à ébullition et laissez infuser 10 minutes.) Vous mettrez les fleurs et les feuilles de manteau de Notre-Dame dans votre bain. Au bout de 3 semaines, prenez le reste des ingrédients et placez la moitié des noix avec la crécelle sous des feuilles, dans un lieu que vous avez consacré, de préférence à l'extérieur. Allumez la bougie et posez-la sur les feuilles. Détendez-vous devant votre offrande et mangez lentement le reste des noix tout en pensant à ce qui peut vous faire souhaiter la fertilité, appelez-en à l'aide d'*Imhotep*. Lorsque la bougie est consumée, laissez-la sur place. Faites 3 fois le tour de votre offrande dans le sens des aiguilles d'une montre. Prononcez les paroles qui vous viennent à l'esprit en redisant votre désir de fertilité. Laissez votre offrande où elle est.

Pour savoir si votre partenaire est sincère

CE QU'IL VOUS FAUT :

* 1 noisette
* 1 stylo bleu
* 1 morceau de papier rouge
* 1 feu de bois

CE QU'IL FAUT FAIRE :

Inscrivez le nom de votre partenaire en bleu sur le papier rouge et enveloppez-en la noisette. Placez le tout au bord du feu et regardez bien. Si la noisette se consume lentement, tout va bien. Si elle saute, se fend ou explose, il y a de fortes probabilités pour que votre partenaire ait quelques explications à vous donner !

Huile de massage magique

CE QU'IL VOUS FAUT :

* 1 bonne poignée de romarin frais
* de l'huile d'amande pour couvrir les herbes
* 2 gouttes d'essence de lavande
* 1 bonne poignée de feuilles fraîches de podagraire (petite angélique)
* 1 grosse cruche d'eau de source ou bénite (vous pouvez prendre celle de votre autel ou celle d'une église si vous préférez)
* 1 bouteille de verre sombre

CE QU'IL FAUT FAIRE :

Écrasez dans votre chaudron les feuilles de podagraire avec un pilon et recouvrez d'eau bénite. Amenez à ébullition et laissez frémir 10 minutes. Ajoutez ce mélange au reste des ingrédients dans un récipient hermétique. Secouez bien et laissez reposer 2 semaines dans un endroit sombre et frais ; remuez tous les jours. Puis versez le liquide dans une bouteille de verre sombre que vous allez déposer sur votre autel. Demandez au Seigneur et à la Dame de bénir cette huile et de lui donner leur pouvoir de guérison. Allumez la bougie verte et priez les esprits guérisseurs de favoriser ce don. Remerciez le Seigneur et la Dame de vous avoir écoutée et achevez votre rituel comme d'habitude. L'huile devrait servir au moins 3 mois.

Pour bien dormir

CE QU'IL VOUS FAUT :

* 3 oignons hachés
* 1/2 litre d'eau
* 1 motte de beurre
* 1 tasse de tisane de valériane
* 1 tranche de pain complet

CE QU'IL FAUT FAIRE :

Vous devrez consommer cette potion immédiatement – surtout ne la conservez pas pour un usage ultérieur !

Faites revenir doucement les oignons dans le beurre et ajoutez le 1/2 litre d'eau et la tasse de tisane de valériane. Faites bouillir à feu vif dans le chaudron pendant au moins 1 heure. Quand les oignons ont réduit, passez le tout au mixeur. Servez avec une bonne tranche de pain complet à la personne insomniaque. Asseyez-vous dans votre temple pendant qu'elle consomme sa soupe, allumez une bougie et dites :

« Puissances de la Lune et du Soleil, veuillez bénir cette potion que j'ai fabriquée, accordez un sommeil paisible à celui qui vous le demande et purifiez son esprit de tous ses maux. Dormez bien, maintenant, votre esprit est libre. »

Soufflez la bougie et nettoyez le temple.

Potion de protection pour les voyages

CE QU'IL VOUS FAUT :

* 1/2 litre d'eau
* 1/2 cuiller à soupe d'ammoniaque
* 5 rondelles de ginseng
* 2 gouttes de lavande

CE QU'IL FAUT FAIRE :

Mélangez tous les ingrédients dans votre chaudron. Demandez au dieu et à la déesse de vous prendre dans leurs bras pendant le voyage et de bénir votre potion de protection. Après avoir observé le rite du nettoyage, arrosez vos bagages de la potion et lavez-vous les pieds avec. Videz le reste dans votre jardin ou dans votre bac à fleurs et, tandis que le sol (ou l'évier s'il le faut) absorbe la potion, dites :

« Cette eau dans laquelle je me suis lavée t'est maintenant rendue, Mère-Terre, afin que je puisse voyager en toute sécurité et revenir à bon port. »

Ne pas avaler.

Pour vos voyages à venir

CE QU'IL VOUS FAUT :

* de l'encens
* 1 jonc de schénanthe
* graines de carvi

CE QU'IL FAUT FAIRE :

Hachez le schénanthe et faites-le sécher. Mélangez-le avec les graines de carvi et versez le tout sur votre valise vide. Dans votre temple, allumez l'encens sur votre autel et méditez sur les endroits où vous voudriez vous rendre. Priez Gabriel de vous emmener par-dessus les mers, priez Uriel de vous emmener par-dessus les terres, priez Raphaël d'animer vos projets du souffle de vie et priez Michel d'embraser vos projets de voyage de réussite et de sécurité. Remerciez le dieu et la déesse de vous avoir entendue et terminez votre rituel.

Pour la réussite d'une transaction

 CE QU'IL VOUS FAUT :
* de l'encens de thym
* 3 feuilles fraîches de basilic
* 3 feuilles fraîches d'aneth
* 1 branche de verveine

 CE QU'IL FAUT FAIRE :
La nuit précédant votre transaction, asseyez-vous à l'intérieur d'un cercle magique et allumez l'encens de thym. Prenez les feuilles de basilic et alignez-les devant vous, puis couvrez chaque feuille d'1 feuille d'aneth, de façon à former une croix. Prenez la branche de verveine et passez-la dans la fumée d'encens puis touchez l'une des feuilles, repassez-la dans l'encens et touchez la feuille suivante puis recommencez pour la troisième feuille. En passant la verveine dans l'encens, dites chaque fois :

« Roue magique prends cette négociation. »

Puis, chaque fois que vous touchez une croix d'aneth et de basilic :

« Basilic de haine, émousse-toi, aneth revêts cette négociation de cordialité. »

Après avoir répété 3 fois ces formules, mangez les feuilles de basilic et d'aneth, puis repassez la branche de verveine dans l'encens en disant :

« Mère, fais que ma négociation réussisse. Dame, sois bonne, fais que je parvienne à un accord. Esprit de la Lune, accorde-moi cette réussite. »

Restez dans le cercle jusqu'à ce que l'encens se soit consumé. Prononcez une prière d'action de grâces et de protection et achevez le rituel.

Avenir financier

CE QU'IL VOUS FAUT :
* 1 bougie dorée
* 1 couteau de sorcière (athamé)
* de l'huile d'encens pur
* 2 fétus de paille

☾ CE QU'IL FAUT FAIRE :

Le premier jour de la lune montante, gravez, à l'aide de votre couteau de sorcière, le nom de votre dieu et de votre déesse sur les flancs de la bougie. Placez les 2 fétus de paille sur votre autel et la bougie par-dessus. Versez 3 gouttes d'huile d'encens sur la mèche et allumez-la. Pendant qu'elle brûle, priez pour la réussite de votre avenir financier et demandez au dieu du Soleil et à la déesse de la Lune de vous aider à obtenir les fonds dont vous avez besoin. Concentrez-vous et méditez sur les domaines où une intervention financière s'avère nécessaire, étouffez la flamme avec un éteignoir et reprenez le même processus chaque jour jusqu'à la pleine lune. Lorsqu'il ne reste que le talon de la bougie, mettez-le dans votre sac ou dans votre portefeuille avec la paille : il attirera sur vous le succès.

Philtre d'amour – pour susciter l'affection

🌙 CE QU'IL VOUS FAUT :
* 50 g de pensée sauvage séchée
* 1 litre d'eau
* 3 gouttes d'huile de néroli
* 2 gouttes de santal
* 1 bain chaud

🌙 CE QU'IL FAUT FAIRE :
Faites tremper la pensée sauvage dans le litre d'eau pendant 3 heures puis portez à ébullition dans votre chaudron. Quand le mélange aura refroidi, ajoutez l'huile de néroli et le santal et baignez-vous dans ce philtre tous les jours pendant 1 semaine à compter du début de la lune montante. Si vous désirez attirer l'affection d'une personne précise, mentionnez son nom au dieu et à la déesse dans votre temple au moment où vous bénissez le philtre, en demandant que cela se fasse si telle est leur volonté.
Vous devriez recevoir un signe à la fin de la semaine suivante.

Philtre d'amour – pour éloigner un indésirable

 CE QU'IL VOUS FAUT :

* quelques feuilles de camphre séchées
* du sel
* 1 poignée de mélisse hachée et séchée
* de la vodka
* 1 objet symbolisant l'indésirable
* votre balai

 CE QU'IL FAUT FAIRE :

Couvrez le camphre et la mélisse avec la vodka, ajoutez quelques grains de sel et laissez macérer une semaine dans un endroit sombre. Prenez l'objet symbolisant l'indésirable (par exemple une photo, un papier avec son nom, etc.) et placez-le à la porte de chez vous. Arrosez l'objet du philtre en disant :

« Comme le camphre éloigne les papillons de nuit, ainsi mon philtre éloigne-t-il ton affection, laisse-moi en paix et retourne à ton seul bonheur. »

Lorsque la dernière goutte du philtre couvre l'objet, prenez votre balai et envoyez promener l'objet loin de votre porte.

Recette pour retrouver la paix de l'esprit

☾ CE QU'IL VOUS FAUT :

* 4 poivrons verts
* 1 concombre
* de l'huile d'olive
* 1 morceau de féta
* 30 g de persil haché

☾ CE QU'IL FAUT FAIRE :

Coupez les têtes des poivrons et ôtez les graines à l'intérieur sans déformer les légumes. Faites griller ceux-ci jusqu'à ce que leur peau noircisse. Épluchez-les au plus près. Épluchez le concombre et coupez-le en rondelles, mélangez avec le persil, la féta et garnissez-en les poivrons. Versez dessus l'huile d'olive et laissez reposer au réfrigérateur. Mangez-les lentement lorsque vous vous sentez déprimée ou que vous cherchez la sérénité. Concentrez-vous sur les saveurs, l'arôme des poivrons, la fraîcheur du persil et laissez votre humeur s'élever, votre esprit s'apaiser.

Recette pour vous aider à revitaliser les humeurs !

☾ CE QU'IL VOUS FAUT :

* 1 grand pot de yaourt nature biologique
* 2 grands pots de yaourt remplis d'eau
* 1 concombre
* 50 g de noix pilées
* 1 cuiller à café d'huile d'olive
* persil
* sel
* 1 gousse d'ail

☾ CE QU'IL FAUT FAIRE :

Mélangez le yaourt et l'eau afin de former un liquide. Ajoutez le concombre coupé en fines rondelles, les noix, l'ail râpé, l'huile, le persil et le sel. Mélangez tous les ingrédients pour obtenir une boisson lisse. Consommez sous forme de soupe froide avec une cuiller. Vous devriez sentir remonter votre tonus sur-le-champ.

Recette pour des biscuits d'amour

🌙 CE QU'IL VOUS FAUT :

* 225 g de beurre
* 125 g de sucre en poudre
* 3 gouttes d'essence de rose
* 350 g de farine
* 75 g de sucre glace
* fleurs de bourrache confites

🌙 CE QU'IL FAUT FAIRE :

Faites fondre le beurre et laissez-le refroidir jusqu'à ce qu'il reprenne consistance. Battez-le avec une cuiller en bois pour le faire blanchir. Ajoutez le sucre en poudre et battez encore 15 minutes, ajoutez la farine et 3 gouttes d'essence de rose pour former une pâte à laquelle vous donnerez la forme des initiales de votre partenaire ou d'un cœur, etc. Faites cuire à 150°C pendant 1/2 heure. Les biscuits devant rester blancs, sortez-les du four juste avant qu'ils commencent à dorer. Une fois qu'ils ont refroidi, placez sur chacun une fleur de bourrache confite et saupoudrez de sucre glace.

Recette pour une compote d'amour aux prunes

🌙 CE QU'IL VOUS FAUT :

* 450 g de prunes mûres
* 125 g de sucre brun
* 1 bâton de cannelle
* zeste d'1 citron
* zeste d'1 orange
* zeste d'1 citron vert
* 1/8 de litre de marsala
* 1/8 de litre d'eau-de-vie de prune ou de kirsch

🌙 CE QU'IL FAUT FAIRE :

Coupez les prunes pour en ôter les noyaux. Mettez-les dans le chaudron avec le sucre, la cannelle et les zestes de citron, d'orange et de citron vert. Versez le marsala et l'alcool de prune, couvrez et laissez mijoter doucement pendant à peu près 1 heure, jusqu'à ce que les prunes se soient ramollies. Servez immédiatement avec les biscuits d'amour.

Recette pour remédier aux imperfections de peau

☾ CE QU'IL VOUS FAUT :
* fleurs de soucis, lavées et séchées
* huile de tournesol (en assez grosse quantité pour couvrir les fleurs)
* 1 cuiller à soupe d'huile d'amande
* 1 branche de persil
* 1 bouteille de verre sombre

☾ CE QU'IL FAUT FAIRE :
Mélangez les ingrédients et laissez macérer 21 jours dans un endroit en hauteur, frais, sombre et confiné. Tournez tous les jours le récipient et, le dernier jour, versez le liquide dans une bouteille de verre sombre. Bénissez-le et jetez-lui un sort de votre composition. Chargez-le du pouvoir de chasser les irrégularités de la peau telles que taches, boutons, sécheresse, vergetures, etc. Massez les endroits affectés (sauf sur les plaies). Ne pas utiliser sur le visage.

Recette pour faire partir les taches de rousseur

☽ CE QU'IL VOUS FAUT :
* 5 feuilles fraîches hachées d'achillée mille-feuille
* 1 litre d'eau de source
* 1 racine de raifort râpée

☽ CE QU'IL FAUT FAIRE :
Mélangez l'achillée mille-feuille avec le raifort râpé et l'eau de source. Portez à ébullition et faites frémir pendant 20 minutes. Égouttez et laissez refroidir.

Conservez dans un endroit sombre et appliquez par petites quantités sur les taches de rousseur.

Recette pour les peaux à problèmes

🌙 CE QU'IL VOUS FAUT :

* 1 tasse de feuilles de pervenche hachées
* 1 tasse d'eau de rose
* 1 feuille de verveine écrasée
* 1/2 tasse de lard blanc

🌙 CE QU'IL FAUT FAIRE :

Mélangez les ingrédients dans votre chaudron, y compris le lard. Portez très lentement à ébullition et retirez aussitôt du feu pour laisser refroidir. Appliquez la lotion pour vous nettoyer la peau et gardez-la 1/2 heure. Puis rincez, d'abord à l'eau tiède puis à l'eau froide. **Ne pas avaler.** À utiliser aussi longtemps que nécessaire

Pour faire un vœu à une bonne étoile

☾ CE QU'IL VOUS FAUT :

* votre baguette magique
* 1 bougie argentée
* 1 morceau de papier blanc où vous aurez inscrit votre vœu
* 1 nuit étoilée

☾ CE QU'IL FAUT FAIRE :

Sortez et dirigez votre baguette magique vers l'étoile la plus brillante et répétez 3 fois cette incantation :

« Brillance des étoiles, lumière des étoiles, accorde-moi mon vœu ce soir avec amour. »

Puis allumez votre bougie et brûlez le papier à sa flamme, laissez ses cendres se répandre autour de vous. Enfin, levez votre baguette magique vers l'étoile et dites à haute voix : *« Qu'il en soit ainsi. »*

Vœu
à une
bonne
étoile

Pour faire un vœu à la pleine lune

CE QU'IL VOUS FAUT :
* votre miroir magique
* 1 bougie blanche
* 1 morceau de papier sur lequel vous aurez inscrit votre vœu
* la pleine lune

CE QU'IL FAUT FAIRE :
Sortez, allumez la bougie blanche et contemplez le reflet de la lune dans votre miroir. Appliquez le vœu contre le dos du miroir et répétez 7 fois, sans cesser de regarder le reflet :

« Déesse de la Lune, ces mots sont vrais, accorde-moi ce vœu car je crois en toi. »

Ensuite, faites brûler le papier à la flamme de la bougie. Récupérez le talon de la bougie quand elle s'est consumée et portez-le dans votre poche au moment où vous voulez voir se réaliser votre vœu. Ensuite, enterrez le talon de la bougie.

Menus pour les sabbats

☆ Sabbat de Yule ☆

🌙 FÊTE DE LA NAISSANCE DE DIEU

* Houx, lierre et gui pour la décoration
* Bougies blanches, rouges et dorées
* Or, encens et myrrhe

🌙 MENU

* Soupe de carotte et de pommes de terre
* Dinde rôtie, pommes de terre sautées, panais grillés, choux de Bruxelles aux châtaignes, petits pois aux lardons
* Pain au carvi
* Cake aux fruits, fruits secs
* Oranges au cognac

☆ Sabbat d'Imbolg ☆

☾ FÊTE DE LA RÉGÉNÉRATION

* Perce-neige
* Feuilles vertes pour la décoration
* Bougies jaunes, vertes et bleues
* Essences de lavande, de jasmin et de citron

☾ MENU

* Ratatouille, à la moelle – avec potiron, tomates, courgettes, champignons, oignons, poivrons, pignons de pin – gratinée au fromage râpé
* Pain au sésame
* Cake au carvi
* Thé à la mûre ou au cynorhodon
* Vin pétillant

☆ Sabbat d'Ostara ☆

 FÊTE DE LA PROCRÉATION

* Jonquilles, crocus et tulipes pour la décoration
* Bougies mauves et roses
* Gingembre, patchouli et encens

 MENU

* Œufs mimosa aux herbes
* Crêpes au sucre et au citron
* Compote de prunes d'amour et biscuits d'amour (voir recettes pages 130 et 131)
* Raisin et miel

✯ Sabbat de Beltane ✯

🌙 FÊTE DE LA FERTILITÉ ET DE LA GUÉRISON

* Lierre, aubépine en fleur, fleurs de manteau de Notre-Dame et roses rouges pour la décoration
* Bougies rouges et roses
* Essences de romarin, de pensée, d'amande douce et de santal

🌙 MENU

* Biscuits d'avoine
* Salade de betterave
* Poisson
* Pommes rouges, cerises, fraises, framboises et prunes
* Bière brune

☆ Sabbat de Litha ☆

🌙 FÊTE DE L'AMOUR ET DE LA SANTÉ

* Menthe, chèvrefeuille et roses pour la décoration
* Bougies blanches, bleues et vertes
* Parfums d'été, d'air et d'eau

🌙 MENU

* Divers pains et fromages
* Salades de crudités
* Gâteau aux cerises à la crème
* Tarte au citron meringué
* Melon d'eau, bière et eau plate

☆ Sabbat de Lammas ☆

☾ FÊTE DE LA CRÉATION ET DE LA TRANSFORMATION

* Blé, maïs et pommes pour la décoration
* Bougies marron, blanches et jaunes
* Essences de bruyère, de chêne et de musc

☾ MENU

* Agneau au riz
* Épinards
* Pain complet
* Noisettes
* Soda au sureau, bière

☆ Sabbat de Mabon ☆

🌙 FÊTE DU RENOUVEAU ET DU REPOS

* Feuillages foncés et raisins pour la décoration
* Bougies argentées, blanches et vertes
* Essences de santal et de genièvre

🌙 MENU

* Pain de blé
* Côtelettes de veau, petits pois et maïs
* Tarte aux pommes
* Cidre
* Eau pétillante

☆ Sabbat de Samhain ☆

🌙 FÊTE DE LA RÉINCARNATION ET DE LA COMMUNION AVEC LES ESPRITS DES MORTS

* Citrouilles évidées, toiles d'araignées et bibelots égyptiens pour la décoration
* Bougies argentées, noires, aigue-marine et mauves
* Essences de menthe, de musc et d'orange

🌙 MENU

* Soupe au potiron
* Petits pains
* Chocolats et offrandes pour les esprits disparus
* Pommes de terre en robe des champs et fromage
* Ragoût aux haricots
* Tisane, vin rouge et porto

Pour tous ces menus on peut substituer à la viande du tofu et des protéines végétales. Les produits laitiers peuvent être remplacés par des produits à base de soja.

Leçon n° 5

« … Et moi ? Je m'en suis allée avec les feuilles tourbillonnantes de l'automne… »

Livre des âmes – Archives akashiques

CLIENTS ET SPÉCIALITÉS MYSTIQUES

Clients

Client est le mot moderne désignant les personnes ou les forces qu'il vous faudra aider. Une vraie sorcière ne devrait jamais demander un tarif précis pour ses services mais laisser le client libre de l'offrande qui lui semble appropriée. N'oubliez pas que si le client n'est pas satisfait, il peut aussi partir sans laisser aucune rétribution. Il n'y a rien à redire à cela.

Autrefois, la coutume voulait qu'on octroie à la sorcière un présent, par exemple un poulet ou des légumes, en fonction de ce que le client produisait ou avait sous la main. On ne fait pas de la sorcellerie pour gagner de l'argent ; cependant, une bonne sorcière peut vivre de son art, le but n'étant pas de faire fortune mais de répandre le bien autour de soi. Si vous ne perdez pas cette idée de vue, vous êtes certaine de réussir.

Une sorcière confirmée vit du bouche-à-oreille. Quand un client est content de ce qu'elle a fait pour lui, il s'empresse de parler d'elle à son entourage et la clientèle se constitue d'elle-même. Néanmoins, si vous débutez, vous risquez d'avoir du mal à convaincre les gens de vos talents.

Cela dit, vous n'avez pas forcément envie d'avoir des clients et préfèrerez pratiquer la magie seule et pour votre propre maison, ce qui est tout à fait acceptable. Cependant, soyez sûre qu'une fois lancée dans le tourbillon magique, vous ne passerez plus longtemps inaperçue et les gens viendront à vous d'eux-mêmes !

Si vous désirez faire savoir que vous pratiquez la magie verte des sorcières blanches, commencez par passer des publicités dans un journal local, fréquentez les salons de l'occulte, abonnez-vous à des magazines ésotériques et parcourez les annonces pour rencontrer des gens qui vous ressemblent. Si vous ne craignez pas de vous faire du tort, parlez-en à vos amis, à vos collègues de travail. Peut-être pourrez-vous convaincre les commerçants de votre quartier d'afficher une de vos annonces. Consultez les bibliothèques et l'Internet. Quoi qu'il en soit, commencez avant toute chose par un rituel de réussite et vous serez sûre de l'emporter ! Si vous demandez leur aide au dieu et à la déesse et que vos intentions sont honorables, vous serez surprise par la rapidité de leur réponse et leur empressement à vous aider.

Spécialités mystiques

Chaque sorcière a son propre domaine mystique. En ce qui me concerne, je me suis spécialisée dans la lecture du marc de café et des feuilles de thé, mais aussi dans le I Ching (science occulte de l'ancienne Chine qui porte sur la prédiction de l'avenir et la réponse aux grandes questions). Vous vous sentirez sans doute plus attirée par un domaine mystique que par un autre ; ne vous privez pas de suivre votre intuition et lisez tout ce que vous pouvez sur le sujet. Il existe tellement de livres passionnants sur les sciences occultes ! Vous les trouverez dans les bibliothèques et dans les salons de l'ésotérisme. Consultez les journaux, les magazines et les annuaires téléphoniques ! **Si vous le voulez vraiment, vous trouverez,** et n'oubliez jamais de pratiquer, autant que vous le pouvez, afin de développer vos pouvoirs. Voici quelques domaines qui pourraient vous intéresser : chiromancie, runes, présages, tarots, I Ching, calligraphie, magie mentale, transmission de pensée, numérologie, lecture du marc de café et des feuilles de thé, astronomie, astrologie, sorts, boule de cristal, incantations, divination, radiesthésie, méditation, aromathérapie, écriture automatique, archives akashiques et voyage astral, pour n'en citer que quelques-uns. À vous de déterminer ce qui vous attire le plus ; pour cela, il faut croire en vous et en vos pouvoirs. Si vous persévérez, vous réussirez !

La magie mentale

La magie mentale : son nom dit bien ce qu'il veut dire : il s'agit de créer de la magie par le seul pouvoir de son esprit. Ainsi que tout le monde semble le savoir de nos jours, nous n'utilisons pas toutes les facultés de notre cerveau ; il suffirait donc d'accéder à ces facultés ignorées pour toucher au domaine de la magie. Ce n'est pas facile, il y faut beaucoup d'entraînement mais si vous persévérez, vous vous sentirez de plus en plus capable d'accéder à ces parties de votre cerveau qui dorment depuis si longtemps !

Il existe de nombreux exemples démontrant ce que pourrait devenir votre pouvoir magique, pour vous et pour les autres, si vous accédiez à cette

partie inconnue de votre cerveau !
Par exemple pour voyager dans l'astral, apaiser la douleur, rester en bonne santé, faire appel à autrui afin d'obtenir de meilleurs résultats, contacter les autres à travers l'éther, vous rendre invisible, communiquer avec les animaux… Bref, pour que tout puisse ARRIVER !

Une fois que vous aurez trouvé l'accès à votre magie mentale, vous aurez le devoir de l'utiliser avec prudence et uniquement pour votre bien et celui des autres. C'est un domaine très puissant de la magie qui donne des résultats spectaculaires. Traitez votre don avec retenue et respect.

PREMIÈRE ÉTAPE

Accédez à votre magie mentale

Pour pouvoir accéder à votre magie mentale, il vous faut tout d'abord trouver un endroit où vous concentrer sans risquer d'être dérangée. Par exemple, dans votre temple, dans le jardin ou, peut-être, dans votre chambre. Asseyez-vous ou allongez-vous, dans la position qui vous semblera la plus confortable, et concentrez-vous sur votre respiration en comptant « 1, 2 » chaque fois que vous inspirez et expirez. Vous pouvez fermer les yeux si cela doit vous aider. Petit à petit, vous devriez perdre toute notion de l'espace qui vous entoure et fixer la boule de lumière apaisante qui s'élève de votre poitrine et se met à tourner lentement autour de votre corps en émettant des rayons aux vertus réparatrices qui finissent par vous envelopper de toute part.

Lorsque vous êtes prête à revenir à la réalité, sentez la boule regagner votre poitrine et remettez-vous à compter lentement en vous concentrant sur votre respiration. Votre environnement reparaît, vous reprenez conscience, dans la sérénité, totalement apaisée.

C'est la première étape de l'exercice ; il est important de procéder dans l'ordre afin de vous détendre complètement pour atteindre un stage méditatif et bienfaisant. Répétez cette étape autant de fois que nécessaire, jusqu'à ce que vous soyez capable de parvenir à cette phase de sérénité à volonté, où que vous vous trouviez, quoi que vous fassiez.

DEUXIÈME ÉTAPE

La phase de sérénité

Lorsque vous vous trouvez en pleine relaxation, enveloppée de la boule de lumière aux vertus réparatrices, tâchez de vous concentrer sur le domaine auquel vous aimeriez accéder, par exemple guérir une personne éloignée de vous, ou entrer en contact mental avec quelqu'un. Une fois que vous avez fini d'explorer ce domaine, revenez toujours à la phase de la boule de lumière et reprenez pied dans la réalité en comptant lentement.

Le contact mental

Si vous avez besoin de communiquer avec quelqu'un mais ignorez où il se trouve, ou s'il se trouve dans une autre dimension, allongez-vous ou asseyez-vous et représentez-vous la personne avec qui vous désirez entrer en contact. Dès que l'image se fait plus précise, imaginez cette personne en train de penser subitement à vous, voyez-la pressée de communiquer avec vous, de chercher un téléphone ou du papier à lettre ou un fax. Vous contrôlez cette situation et, en vous concentrant encore sur la personne, en lui envoyant vos ondes, en lui demandant d'entrer en contact, vous allez la voir se lever et comprendre qu'elle désire communiquer avec vous.

Si cette personne se trouve dans une autre dimension, au lieu d'écrire ou de téléphoner, soufflez-lui plutôt de vous parler sur-le-champ. À mesure que vous vous détendez et vous concentrez, elle va commencer à vous répondre. Si vos ondes mentales sont particulièrement puissantes, vous serez peut-être capable d'échanger toute une conversation avec une personne de votre dimension mais, méfiez-vous, cela demande beaucoup de pratique.

Le pouvoir de revitalisation

On ne se revitalise pas soi-même comme on peut revitaliser les autres. Ces deux démarches font appel à des pouvoirs totalement différents. Si vous avez besoin de vous revitaliser, faites-le en phase de sérénité (voir plus haut) ; pour aider les autres, vous devez faire appel à votre pouvoir magique en état de pleine conscience. Néanmoins, en phase de sérénité, vous pouvez envoyer des ondes apaisantes à la personne qui en a besoin, ce sera déjà beaucoup.

Pour vous revitaliser vous-même

Il existe différents moyens d'apprendre à se revitaliser, mais il vaut mieux commencer par une visualisation méditative simple afin de concentrer dessus votre énergie apaisante. Une fois que vous aurez accédé au processus de pensée positive, il vous sera plus facile d'aborder des méthodes plus soutenues.

D'abord, accédez à votre phase de sérénité, puis visualisez la boule de lumière qui passe au vert – un vert tendre plein d'énergie apaisante, scintillant en harmonie avec les forces de la nature et une énergie naturelle en accord avec la terre. Elle se déplace par-dessus votre corps et s'accroît sur les parties qui vous font souffrir. Contemplez longuement la lumière verte qui se métamorphose en énergie bénéfique bleue rayonnant de tous ses pouvoirs à la racine même de vos ennuis, qui les soigne et les régénère. Puis suivez la lumière bleue alors qu'elle redevient verte et vous inonde de sa puissance vitale directement issue de l'énergie terrestre. Vous vous sentirez alors en pleine forme. Regardez la lumière dorée revenir peu à peu à la boule blanche initiale. Faites cet exercice toutes les nuits, le temps qu'il faudra.

Pour revitaliser les autres

Où que vous soyez et quelle que soit la créature mal en point, – animale, végétale ou humaine –, concentrez-vous pour susciter la lumière blanche et la combiner avec la force et la vitalité de celui ou celle qui a besoin de vous. Toujours est-il que vous devez vous concentrer sur l'énergie apaisante qui est en vous et la sentir voyager à travers votre corps comme une boule d'électricité qui va rejoindre l'autre.

Sentez combien vous êtes en harmonie avec l'énergie de la terre, *Chi* ou *Prana,* et prenez part au cosmos. Ce faisant, vous sentez que le pouvoir de soulager n'est pas seulement sur vous mais aussi sur l'autre, que vos pensées, vos prières d'énergie positive se transmettent à lui. Invoquez toujours la déesse pour qu'elle bénisse cette revitalisation au nom de l'amour. Cela vous prendra du temps et bien des efforts. Certaines personnes ressentent l'énergie sous la forme d'une onde de chaleur, d'autres la voient comme une lumière. Ne cessez jamais de vous concentrer sur le bien que vous faites aux autres et priez la déesse de vous accorder son appui dans votre tentative.

Archives akashiques

Un jour quelqu'un m'a dit que le meilleur moyen de se représenter les Archives akashiques consistait à visualiser la bibliothèque de l'univers, dans les cieux. Les Archives akashiques recueillent tout ce qui s'est passé au ciel et sur la terre et contiennent toutes les informations de l'univers ! Ce qui suppose une certaine masse de volumes à visualiser ; autant imaginer tout de suite une bibliothèque aux rayons étendus à l'infini. Ce sera un bon début !

On visite les Archives akashiques par la méditation et l'état de transe. Commencez donc par visualiser une porte, votre entrée vers le monde spirituel. Une fois que vous l'avez passée, vous voyez des rangées et des rangées de livres ; marchez lentement au milieu, tournez-vous vers un volume, prenez-le, tâchez d'en déchiffrer la couverture, feuilletez les pages, lisez-en le contenu. Il y faut beaucoup d'application mais ne désespérez pas si vous n'y parvenez pas tout de suite ! Il est hautement improbable que quiconque saisisse d'emblée cette technique car cela réclame une forte concentration, de la technique et une bonne relaxation. Touchez le livre. Pouvez-vous dire de quelle matière il est fait ? Humez-le. Sent-il le renfermé ? Ou au contraire le neuf ? Écoutez-vous tourner les pages. Sont-elles fines ou épaisses ? Le livre pèse-t-il lourd ou est-il plutôt léger ? Réfléchissez à toutes ces choses et méditez afin d'apporter le livre au seuil de votre conscience. À la longue, avec de l'entraînement, vous parviendrez à le lire. L'étape suivante consistera à transcrire ce que vous avez lu. Le don des Archives akashiques est considérable et doit être considéré avec respect et dans la plus grande confidentialité. Si vous en êtes arrivée là, vous devez déjà le savoir !

Le voyage astral

Voici le moyen de voyager à travers tout le cosmos par le simple pouvoir de votre esprit et en vous accrochant à votre corde spirituelle. Par une intense méditation, par le sommeil et la pratique, votre être spirituel peut quitter votre corps et voyager où il le désire.

La corde spirituelle est une scintillante ligne d'énergie qui ne cesse de courir de votre âme à l'endroit où se repose votre corps, et lui permet ainsi de voyager en toute sécurité. Cette corde est si solide qu'elle ne peut se casser et si vous ressentez le besoin de regagner votre corps à n'importe quel moment, vous pouvez le faire en suivant cette corde. Elle vous permet de parcourir de grandes distances, de découvrir d'étonnants spectacles et d'apprendre d'innombrables choses mais, comme toujours avec la magie, cela requiert de la modération, de l'exercice et de la sensibilité. Cela dit, beaucoup de gens, dont moi-même, ont eu l'occasion de pratiquer le voyage astral sans même le vouloir et considèrent en général la chose comme inoubliable. C'est souvent à partir de cette expérience qu'ils cherchent à en savoir davantage.

Pour débuter votre entraînement, allongez-vous sur votre lit ou sur le sol de votre temple (en tout cas dans un endroit où vous ne risquez pas d'être dérangée), fermez les yeux et demandez au dieu et à la déesse de vous protéger dans vos voyages. Concentrez-vous sur votre respiration et sentez l'air passer dans vos narines, effleurer votre lèvre supérieure. Vous commencez à vous sentir flotter. Concentrez-vous sur l'impression de repousser votre corps pendant que votre âme se soulève puis, au contraire, repoussez votre âme et faites

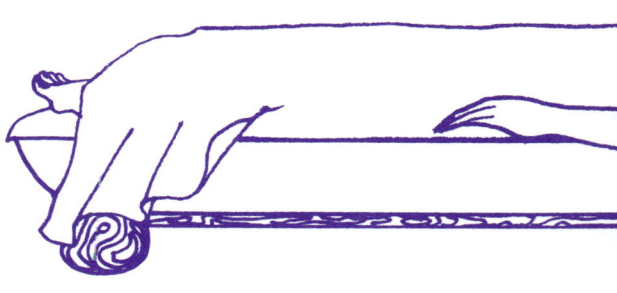

asseoir votre corps. Cela revient à imaginer la séparation de deux moitiés, l'une cherchant à s'élever tandis que l'autre cherche à descendre. Finalement cela tourne à la sensation de va-et-vient et vous devez vous sentir de plus en plus en train de remuer, plutôt en hauteur. Parfois, cela fonctionne en spirale ; vous vous sentez partir vers le haut en tournoyant lentement. Détendez-vous et goûtez cette impression tout en vous efforçant de visualiser la corde scintillante, or ou argent, qui vous permet de laisser votre corps se reposer et – ainsi attaché à votre esprit – vous envoie tranquillement où que vous désiriez aller. Pensez à ce que vous aimeriez visiter et, à force d'essayer, vous vous mettrez à voir beaucoup de choses. Si vous avez envie de rendre visite à quelqu'un, gardez bien son image mentale à l'esprit, imaginez sa maison ou l'endroit où il peut se trouver, et allez-y. Vous y arriverez !

Revenez à votre corps lentement et calmement, en prenant le temps de goûter la sensation que cela vous procure. Une fois à bon port, posez la main au sol et remerciez le dieu et la déesse de vous avoir accordé une telle expérience ainsi que d'avoir pu revenir en toute sécurité. Dormez bien.

Techniques de visualisation

La visualisation est très importante
lorsque vous méditez ou accomplissez un rituel.
Comme pour tout le reste, il y faut de l'entraînement
même si vous vous découvrez certaines facilités.
Exercez-vous à concevoir des images, à leur
donner une forme mouvante, un éclairage changeant ;
lorsqu'un objet vous paraîtra plus net que les autres,
perfectionnez-le, examinez-le en détail,
déterminez-en les contours et les couleurs.
Attention, il peut arriver que plus vous vous
concentrerez, plus l'image tendra à vous échapper ;
ce sera le moment de vous détendre encore.
À la longue, cela devrait devenir une seconde nature,
un huitième sens !

Temple et autel dans l'éther

Ce qui va suivre est également basé sur les techniques de visualisation mais pour vous permettre, cette fois, de créer une pièce destinée à vos pratiques mentales de la magie. Vous en ferez un temple au dieu et à la déesse, ou ce qui vous semblera le plus accessible pour commencer.

Imaginez une pièce carrée, blanche et vide, qui flotterait dans l'éther. Parcourez-la, entendez vos pas sur le parquet, touchez les murs fraîchement repeints, humez l'air pur et associez-vous totalement à cette pièce. Petit à petit, ajoutez-y des meubles et la décoration qui vous plaît. Ne perdez jamais de vue la porte d'entrée par laquelle vous accédez à la pièce mais aussi par laquelle vous en sortez. Vous pouvez vous y rendre pour vos rituels ou simplement pour vous détendre, elle représente l'immense avantage de vous accueillir à n'importe quel moment et où que vous soyez ! Plus vous la fréquenterez, mieux vous la connaîtrez, et ses tableaux ne devraient pas changer à moins que vous n'en preniez vous-même la décision. Ce sera votre filet de sécurité, le refuge qui vous accompagnera toujours et partout.

Communication avec les animaux

Nous ne sommes pas tous égaux devant les animaux mais nous savons d'instinct si nous sommes capables ou non d'établir le contact avec eux. Déjà parce qu'eux-mêmes sont attirés par les humains qui les perçoivent. Vous pouvez posséder plusieurs compagnons à quatre pattes et leur parler d'instinct, non pour vous singulariser mais parce que cela vous est naturel. Le plus remarquable étant lorsque les animaux se mettent à vous répondre !

Ils savent très bien se faire comprendre lorsqu'ils le désirent. À vous de les entendre. Cela s'apprend, comme les langues étrangères. Le meilleur moyen consiste à prendre l'habitude de leur parler. Ils ne vous répondront sans doute pas tout de suite, quoiqu'ils le fassent souvent en émettant des sons dont chaque intonation a un sens particulier. Les animaux sont très sensibles à vos vibrations, aussi, si vous parvenez à laisser passer des sentiments d'amour et d'affection en leur parlant, ils réagiront. De même, si vous exprimez de la colère ou du chagrin, ils se manifesteront, mais différemment. En vous entraînant à poser des questions à votre animal, à lui donner des conseils, à le complimenter ou tout simplement à bavarder avec lui, vous apprendrez peu à peu à reconnaître les différentes variations dans ses réponses et ainsi assimilerez son langage. Lorsque vous y serez parvenue, il vous sera facile d'étendre la communication à une totale compréhension. Je n'ai aucun mal à discuter avec mon chat ; il sait refermer la porte du placard lorsque j'ai sorti son assiette. Ça me fait toujours rire !

Apprenez à vous rendre invisible !

Nous sommes souvent dépassés par ce monde cauchemardesque de communications et de déplacements. Bien des gens souffrent de stress ou de dépression parce que nos sens sont sollicités de toutes parts. Il suffirait de se rendre invisible pour se couper du bruit et du chaos ambiants, pour devenir complètement anonyme. On peut certes débrancher le téléphone, tirer les rideaux et rester au lit – mais ce n'est pas pratique quand il faut se rendre au supermarché ou au bureau ! Alors, que faire ?

D'abord, se parer des couleurs de l'ombre : gris, noir, un peu de blanc, marron ; ensuite, rejeter les cheveux sur son visage ; garder les yeux baissés. Dans la rue, raser les murs ; dans les files d'attente, les foules, rester le plus près possible de l'extérieur. Ne regardez personne dans les yeux, concentrez-vous sur leurs jambes. En revanche, ouvrez grand les oreilles si vous voulez savoir ce qui se passe autour de vous.

Évidemment, il vous faudra lever la tête pour traverser un carrefour ou chercher votre direction, mais je parle en règle générale. Décidez que vous êtes invisible et vous le deviendrez. Si ça ne marche pas bien au début, essayez le parapluie en hiver, les grands chapeaux et les lunettes noires en été !

Bizarrement, quoique certaines personnes croient attirer l'attention en portant des verres sombres, c'est le contraire, car on ne voit pas vos yeux (le miroir de l'âme). Même si certains jettent un coup d'œil sur votre silhouette, ils n'insisteront pas car ils ne peuvent soutenir votre regard. S'ils ne voient pas vos yeux, ils savent que vous voyez les leurs, ce qui vous donne l'avantage, et ça les dérange, alors ils se détournent ; les lunettes de soleil sont une façon de dire aux passants de vous ficher la paix !

En général, les gens ne regardent pas les autres, sauf les personnes qui sortent de l'ordinaire. Si vous êtes habillée discrètement et ne leur prêtez pas attention, ils ne vous verront pas, car ils sont trop préoccupés par leurs propres pensées. Aussi bizarre que cela paraisse, il existe de vrais moyens de devenir invisible, mais c'est un art qui demande une vie de discipline et encore, uniquement pour ceux qui sont doués ! Comme pour les autres techniques magiques, le secret réside dans l'utilisation des pouvoirs de l'esprit ; le recours à la méditation, la concentration, le jeûne et les formules secrètes vous permettront de passer de votre corps physique à un corps spirituel atomique, et de vous promener dans une autre dimension tout en restant dans celle-ci. La difficulté ne s'arrête cependant pas là. Pour devenir invisible, il vous reste à trouver le moyen de détourner la lumière de votre apparence (qui est faite de lumière) et de retourner les rayons. Pour les apprenties sorcières, ce sont là des techniques un peu sophistiquées qu'elles ne devraient aborder qu'à un stade plus avancé. Lorsque vous y serez, vous le saurez. En attendant, tâchez déjà de vous fondre dans le décor comme un caméléon, vous en tirerez des résultats immédiats.

Pour recouvrer la jeunesse

Nous sommes tous différents les uns des autres et certains d'entre nous ont été mieux dotés par la nature. Si vous avez hérité d'une méchante peau, il vous faudra en prendre plus de soin que la personne au teint naturellement rose et lumineux ! Néanmoins, la prémisse reste la même : hydrater l'intérieur et protéger l'extérieur.

En ce qui concerne la beauté naturelle, le plus important consiste à boire beaucoup d'eau qui nettoiera l'intérieur de votre corps et conservera la souplesse de votre peau. Protégez les couches superficielles d'une trop longue exposition au soleil en la nettoyant soigneusement et en l'hydratant chaque jour. Faites régulièrement fonctionner vos muscles faciaux : riez souvent, c'est l'un des meilleurs exercices qui soient. Faites un peu de sport, marchez, étirez-vous, pour augmenter l'oxygène dans votre corps, un bon moyen de rester jeune. N'oubliez pas la vitamine C. Tamponnez les taches avec de l'alcool à 90° dilué dans l'eau (mais pas trop souvent parce que c'est très fort) ou avec de l'hamamélis. Une bonne lotion tonique nettoie la peau tout en la rafraîchissant et lui garde son aspect jeune. Du fard à paupières brillant ou un peu de crème sous les paupières inférieures fera paraître vos yeux plus grands et plus jeunes. Il existe de merveilleuses crèmes, de nos jours, profitez-en !

Mais, par-dessus tout, c'est la pratique régulière de vos rituels qui entretiendra votre jeunesse, tant que vous visez la santé plutôt que la vanité. Le sommeil est le meilleur des régénérateurs, ainsi que la méditation, ne vous en privez donc pas. Si vous y parvenez, visualisez une fontaine de jouvence au sommet d'une montagne, allez vous y baigner chaque jour et constatez ses bienfaits.

Pour finir, souvenez-vous que les yaourts biologiques sont là pour vous aider. Consommez-en un tous les jours. De même, l'angélique passe pour un élixir, ainsi que la tisane de feuilles d'angélique, excellente pour le

tonus nerveux. Toutefois, les diabétiques ne doivent PAS en consommer à cause du sucre qu'elle contient et de ses propriétés diurétiques. N'oubliez pas les excellentes vitamines et gélules d'extraits naturels de plantes qu'on trouve à peu près partout. Permettez-moi d'insister sur le conseil classique : l'excès en tout est un défaut. Les hommes de science découvrent sans arrêt de nouvelles formules grâce à la manipulation génétique, promettent la régénération des cellules grâce à l'ADN. Un peu de patience et la science sera bientôt là pour prendre la suite !

Tanaisie

L'équipement de la sorcière

Petite liste de courses pour pratiquer votre rituel

- Herbes
- Essences
- Papiers et stylos de couleur
- Ficelles et rubans
- Bougies
- Encens
- Terre
- Sel – mystères
- Vin – esprit
- Pilon et mortier
- Vos instruments de magie
- Ce livre

☆ Herbes, fruits et légumes nécessaires à la santé ☆

* Angélique : protège contre les maléfices et contre le rhume (déconseillée aux diabétiques)
* Camphre : contre les mites et les papillons de nuit, et toutes les bestioles malfaisantes
* Ail : pour le sang, la digestion, contre les mauvais rêves et la mauvaise circulation
* Eau salée : pour nettoyer les plaies
* Clou de girofle : contre le mal de dents
* Champignon shii také : stimule le système immunitaire
* Racines d'aunée : en bains de bouche pour renforcer les gencives
* Thé à la menthe : favorise la digestion
* Romarin : augmente la mémoire. Plante du bonheur
* Tilleul et feuilles de citron vert : favorisent la digestion et calme les nerfs
* Sauge : contre le rhume – tonifiante
* Chicorée : contre la peur
* Galéga : pour laver les pieds
* Essence de chêne : contre l'épuisement
* Olives : pour la convalescence

- Noix : pour parer aux problèmes de fertilité et de ménopause
- Avoine : pour nettoyer le corps et s'éclaircir les idées
- Camomille : contre le stress
- Chou et carotte crus : stimulent le système immunitaire
- Essence de lavande : apaise l'inquiétude et le stress
- Persil : contre les hémorroïdes et les taches de rousseur
- Guède : pour vos teintures
- Iris : fixe les parfums
- Thym : contre la toux
- Jus de radis : contre les verrues
- Yaourt bio : pour vivre plus longtemps
- Vinaigre de cidre dilué dans l'eau : nettoie la peau de ses impuretés
- Bananes : pour le bonheur
- Pectine en poudre, une cuillerée dans du miel : contre la nausée
- Thé vert : pour la paix de l'esprit
- Maïs doux, pain complet et haricots cuits : contre la constipation
- Épinards : contre la fatigue

Symboles de protection
✮ Œil d'Horus (oudjat) ✮

L'oudjat est une protection puissante communément utilisée en Égypte ancienne, souvent représentée sous la forme d'un œil droit qui symbolisait le soleil. On pouvait aussi utiliser l'œil gauche pour symboliser la lune. Ils représentaient également les hémisphères nord et sud du soleil. Si les deux oudjats étaient dessinés ensemble, la protection n'en était que plus puissante. À la base, l'oudjat s'opposait aux maléfices aussi était-il tracé sur les maisons, porté sous forme de bijou, etc. Il retournait toutes les ondes négatives à ceux qui les avaient envoyées. Le mot oudjat signifie à peu près « heureux et en sécurité ».

✭ Amulette de vie (ankh) ✭

Le dessin de l'ankh représentait la vie. Les Égyptiens portaient autant cette amulette que la précédente pour se protéger des maléfices et s'assurer une longue vie et une bonne santé.

Instruments de protection

- Prière
- Bougies blanches
- Une croix sur vous ou dans votre maison
- Crucifix
- Talisman ou amulette dans votre poche
- Ail
- Fer à cheval au-dessus de votre entrée
- Téléphone mobile
- Cristaux
- Eau bénite répandue autour de votre maison
- Brindilles de noisetier
- Poupée de paille
- Encens et huiles essentielles
- Un grand chien
- Une mare en croissant devant votre porte d'entrée

- Carillons éoliens
- Un cahier où noter vos rêves
- Rubans rouges accrochés à toutes les poutres de votre maison
- Jeter un verre d'eau au-dehors avant de sortir
- Une Bible chez soi

Porte-bonheur, porte-malheur et leur signification mystique

- Trèfle à quatre feuilles : porte-bonheur
- Un chat noir qui traverse votre chemin : porte-bonheur (même si dans certains pays, ils sont plutôt considérés comme des porte-malheur !)
- Bruyère blanche : porte-bonheur
- Trouver un fer à cheval (symbole d'Epona, la déesse-cheval) : porte-bonheur
- Coccinelle près de vous : porte-bonheur
- Un vêtement porté à l'envers : porte-bonheur
- Bréchet de poulet : porte-bonheur
- Casser un verre blanc : porte-bonheur
- Deux pies : porte-bonheur
- Araignées : porte-bonheur
- Passer sous une échelle : porte-malheur
- Casser un miroir : porte-malheur
- Répandre du sel : porte-malheur
- Ouvrir un parapluie dans la

- maison : porte-malheur
* Porter un chapeau au lit : porte-malheur
* Poser des chaussures neuves sur une table : porte-malheur
* Entendre un hibou le jour : porte-malheur
* Ôter votre alliance : porte-malheur
* Porter une opale : porte-bonheur
* Garder les décorations de Noël après la fête des Rois : porte-malheur
* Ciel rouge au matin : mauvais temps
* Vaches couchées : pluie
* Quelque chose tombe dans votre cheminée : un orage se prépare
* Un chat se nettoie les moustaches : un visiteur va venir
* Un chat gris vous suit : vous allez recevoir un cadeau ou une lettre
* Une araignée faisant sa toile le soir : quelqu'un vous en veut
* Laisser tomber un couteau : un amoureux va venir
* Vos pieds vous démangent – le droit : voyage agréable – le gauche : voyage pénible
* Vos mains vous démangent – la droite : vous allez recevoir de l'argent – la gauche : vous allez verser de l'argent
* La flamme d'une bougie s'éteint subitement : signe de mauvaise chance

Les rêves et leur signification mystique

* S'envoler ou grimper vite : succès
* Tomber brusquement : échec
* Tunnels, métros ou trains : inquiétudes et changements
* Lumière violente : protection spirituelle et succès
* Or et bijoux : pauvreté
* Dispute : amour
* Mariage : mauvaises nouvelles, déception amoureuse, difficultés
* Eau dormante : succès financier et bonheur
* Eau vive : succès en affaires
* Eau boueuse : ennuis et erreurs
* Vous vous lavez : nombreux amoureux
* Dent cassée : malchance
* Rouler à bicyclette : vous allez recevoir de l'aide pour régler un problème
* Une fête : des jours de bonheur arrivent
* Un enterrement : changement dans votre vie professionnelle
* Un bateau : si vous naviguez dessus sur une eau calme,

votre vie sera heureuse, si vous affrontez la tempête, attendez-vous à des difficultés
* Un géant : issue heureuse d'un ennui
* Une église : chance
* Sensation de froid : chance en affaires

Les couleurs et leur signification mystique

- ROUGE : feu, énergie, enthousiasme, séduction, violence, force, vanité
- BLEU : air, eau calme, paix, clarté, fraîcheur, individualité, égocentrisme
- VERT : eau, nature, guérison, spiritualité, purification, gentillesse, remise en question
- JAUNE : soleil, bonheur, nouveauté, foi, optimisme, audace
- MAUVE : nuit, séduction, sensualité, générosité, épanouissement, originalité
- ORANGE : pierre, soif, faim, eau, mouvement, progrès, enthousiasme, plaisir
- MARRON : terre, sagesse, patience, force, solidité, fiabilité, énergie, autorité
- BLANC : esprit, nuages, lune, tranquillité, silence, douceur, médiation, pureté, vérité, union
- NOIR : espace, vide, carré, rigidité, netteté, mysticisme, épaisseur, évasion

- OR : succès universel, scintillement, séduction
- ARGENT : réussite spirituelle, éclat, détermination
- BRONZE : réussite mentale, étincelle, méditation
- CUIVRE : réussite pour la santé, luminosité, générosité

Divinités, créatures mystiques et symbolique des jours

DIEU – Divinité masculine, Être Suprême, révéré pour son pouvoir sur la nature et sur la destinée humaine, Créateur et Maître de l'univers, Yang, Jésus, Rê, Soleil, Père, Cernunnos, Air et Feu – Or

DÉESSE – Divinité féminine, Être Suprême, révérée pour son pouvoir sur la nature et sur la destinée humaine, Créatrice et Maîtresse de l'univers, Yin, Marie, Isis, Lune, Mère, Cerridwen, Terre et Eau – Argent

ARCHANGES – Messagers divins, esprits
Michel – Ange du Feu – Rouge
Gabriel – Ange de l'Eau – Bleu
Uriel – Ange de la Terre – Vert
Raphaël – Ange de l'Air – Blanc

ESPRITS – Les éléments considérés dans leur unité et animant le corps. Trop nombreux à énumérer mais chaque être vivant a un esprit, y compris les plantes et les animaux.

SORCIÈRE – Femme, magicienne. Passive, tiède, féminine, conciliante, sang, nuit, chaudron, naissance, Cancer, Verseau et Lion

MAGICIEN – Homme, sorcier. Positif, fort, uni, métal, dragon, temps, après-midi, Balance, Scorpion et Vierge

ENCHANTEUR – Homme ou femme, pratiquant la sorcellerie, chaleur, intelligence, attachement, méprisant, brillant, midi, Taureau et Gémeaux

EXPERT – Sage occulte, flexible, mouvement, amour, richesse, masculin, compréhensif, midi, Bélier et Taureau

MAGE – Devin, progrès, mâle, puissance, abandon, larmes, cheval, matin, Verseau et Poissons

VOYANTE – Devin, calme, repos, sommeil, féminine, patiente, silence, protection, neige, aube, Capricorne, Verseau et Vierge

LUNDI – Lune
MARDI – Mars
MERCREDI – Mercure
JEUDI – Jupiter
VENDREDI – Vénus
SAMEDI – Saturne
DIMANCHE – Soleil

Mobile-Autel

En ces temps troubles et difficiles, il est primordial pour chacun d'entre nous de réserver quelques instants à la méditation, à l'amour et à la prière, ces remèdes de l'âme. Un « Mobile-Autel » vous permettra de prendre ces instants quand vous voudrez, où vous voudrez. Si les sorcières sont particulièrement prédisposées à pratiquer au-dehors, étant donné leur vibrant contact avec la nature, tout le monde, quelle que soit sa croyance, peut aujourd'hui avoir un autel portable (qu'il pourra même emporter au travail). Vous pouvez vous fabriquer un autel de poche qui ne dérangera personne mais vous sera d'un immense secours pour créer un lien entre le psychique et le spirituel.

Faites simple : dans une petite boîte en carton que vous tapisserez de mousse, emportez tous les instruments dont vous avez besoin, en miniature, pour constituer un autel portable dédié au Wicca.

Vous devriez pouvoir en changer les couleurs selon la destination que vous désirez donner à vos rituels. Le vert concernerait plutôt la santé, le bleu la communication, l'or les finances, le rose l'amour. À moins que vous ne préfériez un Mobile-Autel général, dans ce cas plutôt noir et qui contiendrait toutes les couleurs dont vous auriez besoin, sous forme de bougies, de rubans, de cristaux, etc. Ainsi, vous pourriez le transporter partout avec vous !

Pour l'utiliser, étendez la nappe de l'autel sur la boîte et disposez son contenu dessus. Désormais, vous voilà libre de voyager sans jamais interrompre vos pratiques !

☆ Usage ☆

Emportez-le avec vous pour les fêtes, les voyages, les soirées, pour méditer seule ou en groupe, pour pratiquer vos rituels en pleine campagne, pour rendre visite aux malades, en vacances ou si vous êtes invitée chez des amis.

✯ Contenu ✯

La nappe de l'autel, roulée comme une serviette, deux bougies blanches, une bougie de couleur, un bouquet de fleurs en tissu, un galet, un encensoir et des bâtons d'encens, ainsi que ce livre, qui contient toutes les instructions pour exercer votre magie verte, y compris sorts et formules, images de la déesse et tout ce que vous devez savoir pour débuter.

✯ Éphémérides ✯

Un livre très utile énumérant toutes les données astrologiques, dans lequel vous pourrez trouver vos propres jours de fêtes magiques, vos jours de célébrations personnelles, etc.

☆ Et enfin ☆

Alors que je rédigeais ce livre, j'ai reçu de nombreux messages et visites de l'éther, pour m'encourager et, bien que j'aie tenté d'observer un ton assez humoristique, j'en ai fait un manuel honnête et sincère susceptible d'expliquer les mystères à la base de la magie et comment les apprendre. Je crois sincèrement que la déesse m'a inspirée afin d'en tirer un ouvrage facile à utiliser pour tous ceux et toutes celles qui désirent adhérer aux pratiques de la magie verte et j'espère qu'il vous touchera assez pour que vous ayez envie d'entamer le voyage. Puissent votre guide spirituel et la déesse vous bénir tous.

GILLY SERGIEV
(Henut Tawi)

Table des matières

Introduction 6

Leçon n° 1   Le Dieu, la Déesse,
les élémentaux et
votre ange gardien 12

Leçon n° 2   Votre apparence 28

Leçon n° 3   Vos instruments 40

Leçon n° 4   Les sorts et quelques recettes
particulières 82

Leçon n° 5   Clients et
spécialités mystiques 146

L'équipement de la sorcière 173

Dépôt légal : octobre 2001
Imprimeur : Recto-Verso - 91150 Etampes
ISBN : 2-84098-738-4
LAF 246